The Status《ザ・ステータス》

富裕層のための
クレジットカード活用術

三浦 亘
株式会社グランディール
代表取締役

まえがき

「平日に家族と過ごしていますか」

「休日は何をしていますか」

「従業員とコミュニケーションはとれていますか」


いきなりの質問に、ドキッとされた方も多いかもしれません。

はじめまして。経営者やドクターなど富裕層向けに、金融や財務、相続、投資、資産運用など幅広く経営に関するコンサルティングを行っている株式会社グランディール代表の三浦亘です。

経営者やドクターの方に、冒頭のような質問を投げかけると、ほとんどの方が「平日は仕事で忙しく、家族と過ごしていない。休日はたいていゴルフか飲み会」といった答えがかえってきます。従業員との関係についても「忙しくて、正直よいコミュニケーションはとれていない」という人が多数。

本来、仕事を頑張るのは、幸せのためであり、大事な家族や従業員のためなのに、その大事な人たちがないがしろにされている。また仕事のし過ぎから、自分の健康を犠牲にしている経営者やドクターも少なくありません。

さらに「何のために仕事を頑張るんですか」「本当はどうなりたいですか」と、私が質問していくと、みなさん泣きそうになります（笑）。

これからは、そんなアンバランスな人生を脱し、ビジネスとプライベートのバランスをうまくとり、自分はもちろん、家族や従業員など周りの人たちも幸せになる人生を目指してほしい。

それを実現するきっかけとして、**私が提案している一つのツールが〝クレジットカード〟**です。

ご存じクレジットカードは、カードを提示すると、後払いでほしいものが手に入るもの。ＪＣＢ『２０２２年度版　クレジットカードに関する総合調査』によると、20～60代男女のクレジットカードの保有率は85・７％ですから、ほとんどの人が持っているといえます。

またクレジットカードには、個人に対して発行される**「個人クレジットカード（個人カード）」**と、法人あるいは個人事業主に対して発行される**「法人クレジットカード（法人カード）」**の２種類がありますが、２０２２年のビザ・ワールドワイド・ジャパン「中堅・大企業における決済関連のニーズ調査」によると、法人カードの導入率は、大企業で64％、中堅企業で56％、中小企業で21％。中小企業では約２割と少なく、なじみのない方も多いようです。

実際に法人カードを導入した経営者やドクターからは、そのメリットの大きさから**「もっと早く取り入れたらよかった」**という声が多く聞かれるにもかかわらず、導入しなかったのは「勧誘を受けたことがなかった」「メリットが感じられなかった」といった理由があったようでした。

またクレジットカード以外にも、デビットカードや電子マネー、コード決済といった、いわゆるキャッシュレス決済は、国をあげてすすめている施策です。経済産業省の発表によると、２０２２年のキャッシュレス決済比率は36％、２０２５年までに４

割にすることを目標としています。しかしながら、この数字からも多くの人がクレジットカードを持ちながら、まだまだ使いこなしていないことがわかります。

クレジットカードは、学生時代、海外旅行するタイミングでつくった、ショッピングモールや駅ですぐにポイントが貯まると言われてつくったという人が多いようです。経営者の方であれば、取引先の銀行マンに「社長、ちょっとこれもお願いします」と頼まれてつくったという話をよく聞きます。

何となくつくって、何となく買い物や旅行に使って、何となくポイントが貯まっているけれど、ポイントを使ったこともないという使い方をしている。これは、とてももったいない使い方ですし、ある意味、国の方向性や時代の流れに逆らっています。

とはいえ、**クレジットカードについて相談しようにも、専門家がいなくて、相談する人がいません。**同じ金融というカテゴリーでも、保険や不動産、投資、それぞれにアドバイスをする専門家がいるのに、クレジットカードの専門家はいない。もちろんカード会社の営業はいますが、他社のカードの活用方法をアドバイスすることはありません。

そこで私は2019年より、セミナー講師としてクレジットカード講座を主催すると同時に、お客様に対しても、通常の経営コンサルティングに加えて、クレジットカードのコンサルティングも行うようになりました。

私のクレジットカード講座を受講してくださった会社が、4年で約200社。そこからコンサルティング契約に発展したお客様が約半数。クレジットカードをきっかけに私自身、多くのご縁をいただいています。

この本ではクレジットカードの基礎知識から、戦略的な選び方や使い方、実際にクレジットカードで人生が好転した人の体験談などをたっぷりお届けします。

第1章では、クレジットカード全般について、その種類やそれぞれの特徴、使い方や選び方を解説します。

第2章では、私がなぜコンサルタントとなって、クレジットカードをすすめるようになったのか。私自身の半生をたどりながら、その経緯についてお話しします。

第3章では、私が主催するクレジットカード講座の受講生4名に、どんなカードをつくって、どう活用しているか、また使ってみてどんないいことがあったか、そういった体験談をインタビューした様子をお届けします。

第4章では、私のクレジットカードの師匠である、一般社団法人　法人クレジットカード相談士協会代表理事の花田敬さんとの対談を収録しました。

第5章では、私のライフスタイルやビジネスに大きな影響を与えた10冊の本の簡単なレビューを載せています。

本書に掲載されている内容やデータは原稿執筆時のものであり、変更になる場合があります。関連のホームページなどで最新情報をご確認のうえ、クレジットカードをご活用ください。

私が、この本でいちばんお伝えしたいのは、より賢くクレジットカードを使えば、ビジネスとプライベートを両立し、自分の人生がより豊かになるということ。

また自分だけでなく、家族や従業員の幸せにつながる一つのきっかけとして、クレジットカードの新しい使い方を知っていただけたらと思います。

三浦亘

CONTENTS

第2章 こうして私はクレジットカードに出合った

第3章 クレジットカードで人生が変わった人たち

第4章 クレジットカードの師匠、花田敬さんと語り合う

第5章 私の人生やビジネスに影響を与えた10冊の本

第１章

クレジットカードとは

クレジットカードとは
［クレジットカードの基礎知識編］

三者にメリットのあるクレジットカード

クレジットカードとは、クレジットカード会社が発行するカード。カードに加入した会員は、加盟店でカードを提示すると、クレジットカード会社が支払いを肩代わりしてくれるため、後払いで買い物ができます。

クレジット＝信用があるため後払いできるのがクレジットカードの大きな特徴です。デビットカードは預金口座からの引き落とし、電子マネーやコード決済は即時払いです。

クレジットカードは会員、加盟店、クレジットカード会社の三者ともメリットのあるしくみになっています。まず会員は、加盟店でカードを提示すれば、商品が先に手に入ります。あとからクレジットカード会社に支払うから、やりくりが楽。クレジットカードには年会費を払います。

現金払いでは購入をためらうものも、カード払いなら買ってくれる可能性が高い。加盟店としては、売り上げアップが見込めます。売上代金は、クレジットカード会社から２〜３％の手数料を引かれて、10日前後に一括で振り込まれます。

クレジットカード会社は、カード会員と加盟店の双方から手数料が入ってきます。ただし集客のための広告費などの経費が多くかかります。

「個人カード」と「法人カード」がある

冒頭でも触れましたが、**クレジットカードには「個人カード」と「法人カード」が**あります。

多くの人が持っている個人カードは、個人に対して発行されるもの。日常の買い物やサービスに使用し、個人口座から引き落とされます。暮らしに役立つ付帯サービスもあります。

クレジットカードの仕組み

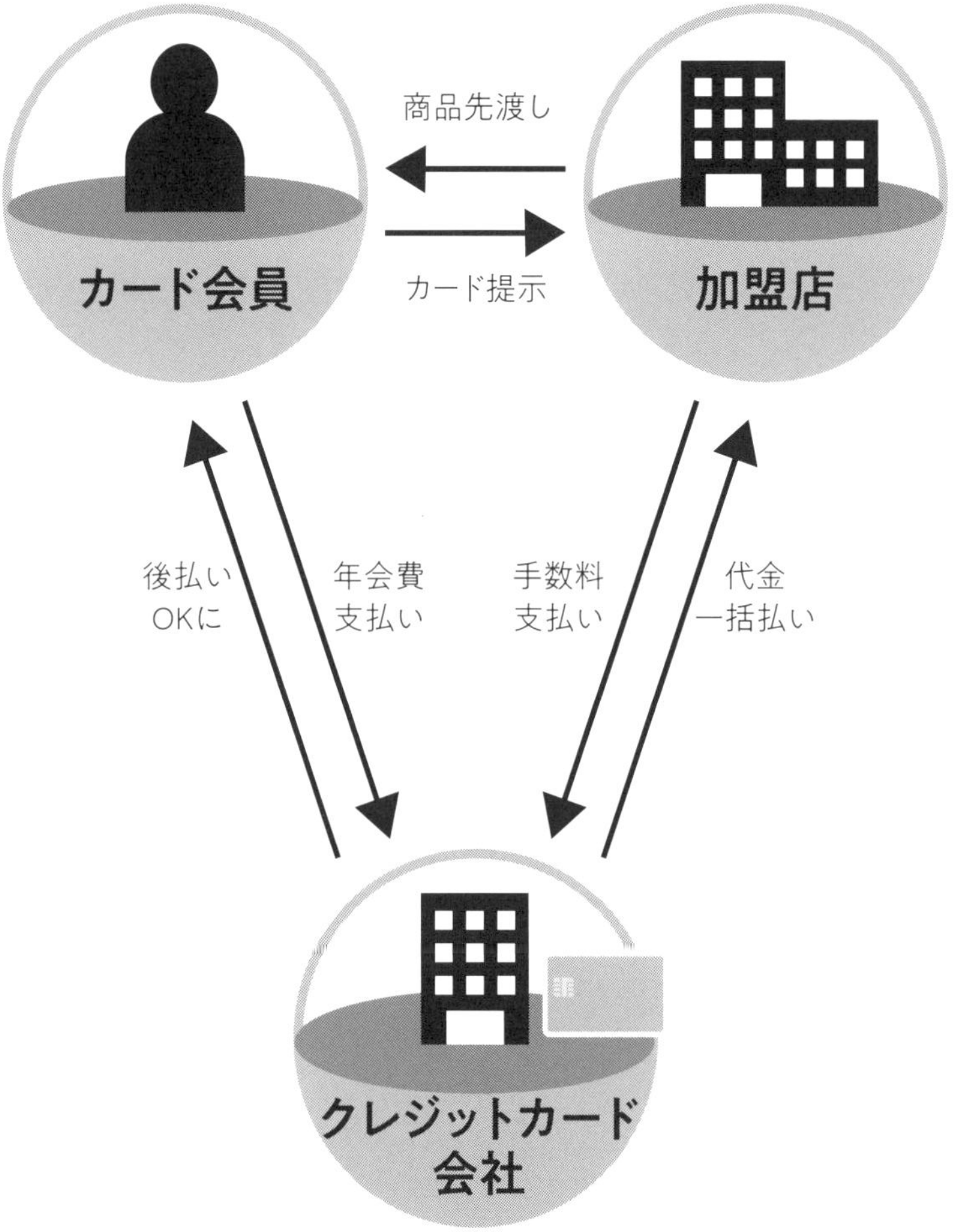

一方、法人カードは、法人または個人事業主に対して発行され、経費の支払いや納税に使用できます。引き落としは法人の口座か個人事業主の個人口座から。ビジネスや経営に役立つ付帯サービスが受けられます。**法人カードは個人カードよりも利用枠が大きい**傾向があり、カード会社によっては交渉次第で枠を広げることも可能です。また個人カードが家族カードを発行できるのに対して、法人カードは従業員用に追加カードを発行できます。

法人カードには大企業向けの「コーポレートカード」と、中小企業や個人事業主向けの「ビジネスカード」の２種類がありますが、審査の仕方やカードの利用枠に違いはあるものの、クレジットカードとしての機能は変わりません。

この本では、ビジネスカードにフォーカスしてご説明します。**経営者やドクターの方は、ぜひビジネスは法人カード、プライベートは個人カード、とうまく使い分けていただきたい**ですね。

クレジットカードで納税できる

個人カードでも法人カードでも、クレジットカードで国税も地方税も納めることができます。

クレジットカード納付できる国税の税目は、次の表の通りです。

注意したいのは、納付税額に応じて決済手数料がかかること。5万円以降も1万円を超えるごとに決済手数料が加算されます。

決済手数料の試算は「国税クレジットカードお支払サイト」（https://kokuzei.noufu.jp/）で可能です。

またクレジットカードで納付した場合、領収書は発行されません。領収書が必要な場合はカード納付ではなく、最寄りの金融機関や所轄の税務署の窓口で納付しましょう。窓口でのクレジットカード納付はできません。

クレジットカード納付できる国税

申告所得税及復興特別所得税
消費税及地方消費税
法人税
法人税（連結納税）
地方法人税
地方法人税（連結納税）
相続税
贈与税
源泉所得税及復興特別所得税（告知分）
源泉所得税（告知分）
申告所得税
復興特別法人税
復興特別法人税（連結納税）
消費税
酒税
たばこ税
たばこ税及たばこ特別税
石油税
石油石炭税
電源開発促進税
揮発油税及地方道路税
揮発油税及地方揮発油税
石油ガス税
航空機燃料税
登録免許税（告知分）
自動車重量税（告知分）
印紙税
国際観光旅客税
国際観光旅客税（告知分）

サイトで決済完了したら、納税金額を証明する印刷画面が出てくるので、必ず印刷して保管しておきましょう。**納税証明書が必要な場合は、税務署に申請すれば決済後3週間程度で発行してもらえます。**

国税だけでなく、2023年4月からは「固定資産税」「都市計画税」「自動車税種別割」「軽自動車税種別割」といった地方税についても、地方税共同機構（eLTAX）を介して、全国の自治体でクレジットカード納付の対応が広がっています。納付方法は、納付書に印刷されたQRコード（eL－QR）や番号（eL番号）を読みとるだけ。ただし個人住民税（特別徴収）や法人住民税など、QRコード決済ができない税目もあります。またQRコードが利用できる税目自体、自治体によって異なりますから、あらかじめ確認しておきましょう。

都税の場合、QRコード決済ができない税目については、地方税ポータルシステム「eL TAX」(https://www.eltax.lta.go.jp/) 上で納付情報を発付するか、税務署で納付書を発行してもらうと、クレジットカード納付ができます。

国税決済手数料

納付税額	決済手数料（税込）
1～10,000円	83円
10,001～20,000円	167円
20,001～30,000円	250円
30,001～40,000円	334円
40,001～50,000円	418円

地方税システム手数料

納付税額	決済手数料（税込）
1～10,000円	40円
10,001～20,000円	123円
20,001～30,000円	205円
30,001～40,000円	288円
40,001～50,000円	370円

地方税についても、納付金額に対してシステム利用料が発生します。

5万円以降も1万円増えるごとに、システム利用料が82円または83円ずつ加算されます。

システム利用料は「国税クレジットカードお支払サイト」（https://eltax.f-regi.com/fc/direct/）で試算できます。

こちらも領収書が発行されないため必要な場合は、納付書裏面に記載された該当の場所で納付することになります。納税証明書が必要な場合は、自治体に問い合わせてみましょう。

ただし、クレジットカードによっては、納税でポイント還元率が下がるものがあります。たとえば通常100円で1ポイント貯まる（還元率1％）が、1ポイントが0・5ポイント（還元率0・5％）になるといった具合です。
また**支払いの上限が決まっているものもあります。かなりの支払いがあるなら、年会費は割高でもあえて納税の還元率のよいカードや上限枠の大きいカードをおすすめします。**

こういったカードの規定は、半年や一年ぐらいのスパンで変更になる可能性がありますので、セミナーや勉強会などで新しい情報をキャッチしてほしいですね。

［法人クレジットカード編］

なぜ法人カードを持つべきか

さて法人カードには、どんな特徴があるのでしょうか。主な特徴は、次の8つです。

①法人口座でやりとりできる

取引先への支払い、顧客からの入金、従業員の給与や交通費の支払いといったさまざまな支出入が口座を通して行われるため、事業とプライベートを明確に分けられて会計上のミスが防げます。特に個人事業主も事業用口座をつくり、法人カードの引き落としに利用すると、青色申告がスムーズになります。

②仕入れや経費の支払いができる

仕入れのほか、光熱費や備品代といった経費の支払いも、法人カードに一本化すると、引き落としのタイミングをそろえることができて、振込手数料や代引手数料の削減につながります。

③納税に利用できる

法人税、消費税といった国税のほか、自動車税や固定資産税などの地方税もカードで納税できることは先にご説明した通り。

国税の決済は１０００万円までなので、３０００万円になったら3回に分けて納税することになります。

クレジットカード納税は決済手数料がかかることから、現金払い推奨の方もいらっしゃいますが、決済手数料を払っても「口座引き落としが後ろにずらせる」「ポイントがつく」などメリットは大。

私のクライアントで、過去７０００万円の納税をカードで支払った社長がいます。これがきっかけで、手残りが増えて、新しい商品を購入するなどして次の事業展開につながっていきました。

クレジットカード払いできる経費の一例

出張旅費（交通費、宿泊費など）
接待交際費
オフィス光熱費（電気代など）
セミナー、会議室代
通信費（インターネット回線、電話、携帯電話など）
システム利用料（顧客データベース、メール配信など）
広告宣伝費
オフィス家具代
事務用品代
保険料など

④役員や従業員も持てる

役員や社員に子カードを持たせることができるため、いろいろな決済を親カードひとつに集約できます。精算がバラバラに発生せず、現金やりとりがいらないため、経理作業は効率アップします。

かなりの枚数まで無料、１枚目から半額で追加など、カード会社によって発行条件は異なります。

⑤決済限度額を高く設定しやすい

通常、法人カードの決済限度額は50～２００万円で設定される場合が多いもの。

しかし仕入れ額や納税額が大きくなり、決済限度額が足りないときは、クレジットカード会社によっては、**法人カード部署と連携し、限度額の引き上げ交渉も可能**です。交渉の際は、３期分の決算書が必要なカード会社もあります。

また決済限度額を増額したいときは、〝デポジット（事前入金）〟というサービスを利用できます。

たとえば限度額が50万円なのに、80万円の決済をしようとしたら、残り30万円はできません。しかし事前に30万円以上を入金しておけば、実質的な利用可能枠が80万円以上に広がり、カード決済が可能になるのです。

実は、この決済限度額問題が普及しない原因の一つといわれています。**この交渉ができるクレジットカード会社を選ぶのも、ポイントの一つ**です。

⑥カード会社の担当者がつく

個人カードには担当がいませんが、法人カードは営業担当者がつくクレジットカード会社もありますので、限度額を上げたり、一時的に枠を増やしたりといった交渉ができるほか、サービスを利用するときやトラブルが起きたとき、キャンペーンの最新情報を知りたいときなど、いろいろな場面で頼りになります。

⑦付帯サービスが多い

それぞれのカードのランクによって異なりますが、たとえば以下のようなサービスがついています。

・ビジネスのサポートサービス

旅程や予算、人数を伝えると、出張をプランニングしてもらえる。請求できる助成金や補助金を調べてくれる。パソコンなどのＩＴ機器のメーカー保証に上乗せされることがある。

・レストランの予約

接待用のレストランをピックアップしてもらえる。公式サイトでは満席でも、クレジットカード会社の枠が空いていて、予約をとれるケースがある。

・予約困難店での貸切

提携レストランへのリムジン送迎をしてもらえることも。

・**コンシェルジュサービス**
秘書のように使えるコンシェルジュが、24時間365日電話で対応してもらえる。

・**保険付帯サービス**
旅行傷害保険、個人賠償保険、ショッピング保険などが付帯していて、海外出張中のトラブルも補償される。

・**富裕層コミュニティサービス**
会員同士が交流する場をセッティングしてもらえる。

・**スーパーカーのカーシェアリング**
フェラーリ、アストンマーティン、ロールスロイスなどの車が割安でシェアできる。

・**特別なホスピタリティ**
ハワイ旅行にプライベートジェットを手配という事例も。

⑧ポイント、マイルが貯まる

使うたびにポイントが貯まるのは、個人カードも法人カードも同じ。クレジットカード決済すれば、通常１００円で1ポイントつきます（ポイント還元率1％の場合）。高額な仕入れや納税にも対応できる法人カードは、ポイントが大量につきます。貯まったポイントは、マイルや商品に交換してビジネス視察に行ったり、オフィス用品などの商品に交換したりできます。

法人カードのメリットを実感！

こうした特徴を持つ法人カードをうまく使いこなすと、多くのメリットを享受できます。それは次の通り。

①公私の区別ができる

特に個人事業主は、仕事の経費と個人の生活費の境目があいまいになりますが、法人カード払いにすれば、しっかり区別されます。

②経理業務の効率化

カードの利用明細が、そのまま会計ソフトに取り込まれるため、経理業務の手間が省けます。また社員側も毎回経費を申請する手間がかかりません。

③手残りが増える

法人カードで経費の支払いや納税を行えば、その分ポイントが貯まります。そのポイントで会社の備品を購入したり、あるいはマイルにかえて、出張や視察に行けば、経費や旅費交通費が削減されます。また支払いのたびにかかっていた振込手数料もなくなります。また付帯サービスの保険やＩＴ機器の保証などを使えば、その分の支出がカットできます。

結果的に手残りが増えて、企業の体質が改善するのです。

P.36の図をご覧ください。たとえば売上が１０，０００万円（1億円）あり、利益が100万円あったとします。経営者は、この利益をなるべく増やしたいところ。そこで、変動費や固定費、そのほかの経費が5％カットできれば、売上は変わらなくても利益が4倍にアップするのです。

④キャッシュフローが改善される（P.37参照）

現金や銀行振込で支払いを行うと、その分手元のキャッシュが減りますが、クレジットカード払いにすれば、支払いは翌々月になるため、たとえば6月の仕入れは、8月の支払いになるため、資金繰りが楽になるのです。

同様に税金の支払いも、後ろにずらせます。たとえば3月決算の会社は、5月末にカード決済で納税することで、実際の支払いは7月になるので、キャッシュフローに余裕をもたせられます。

⑤福利厚生に使える

カードで貯めたポイントをマイルにかえると、航空運賃やツアー代がまかなえるため、慰安旅行や表彰旅行など福利厚生を充実させられて、社員の満足度アップや定着

PLストラック図

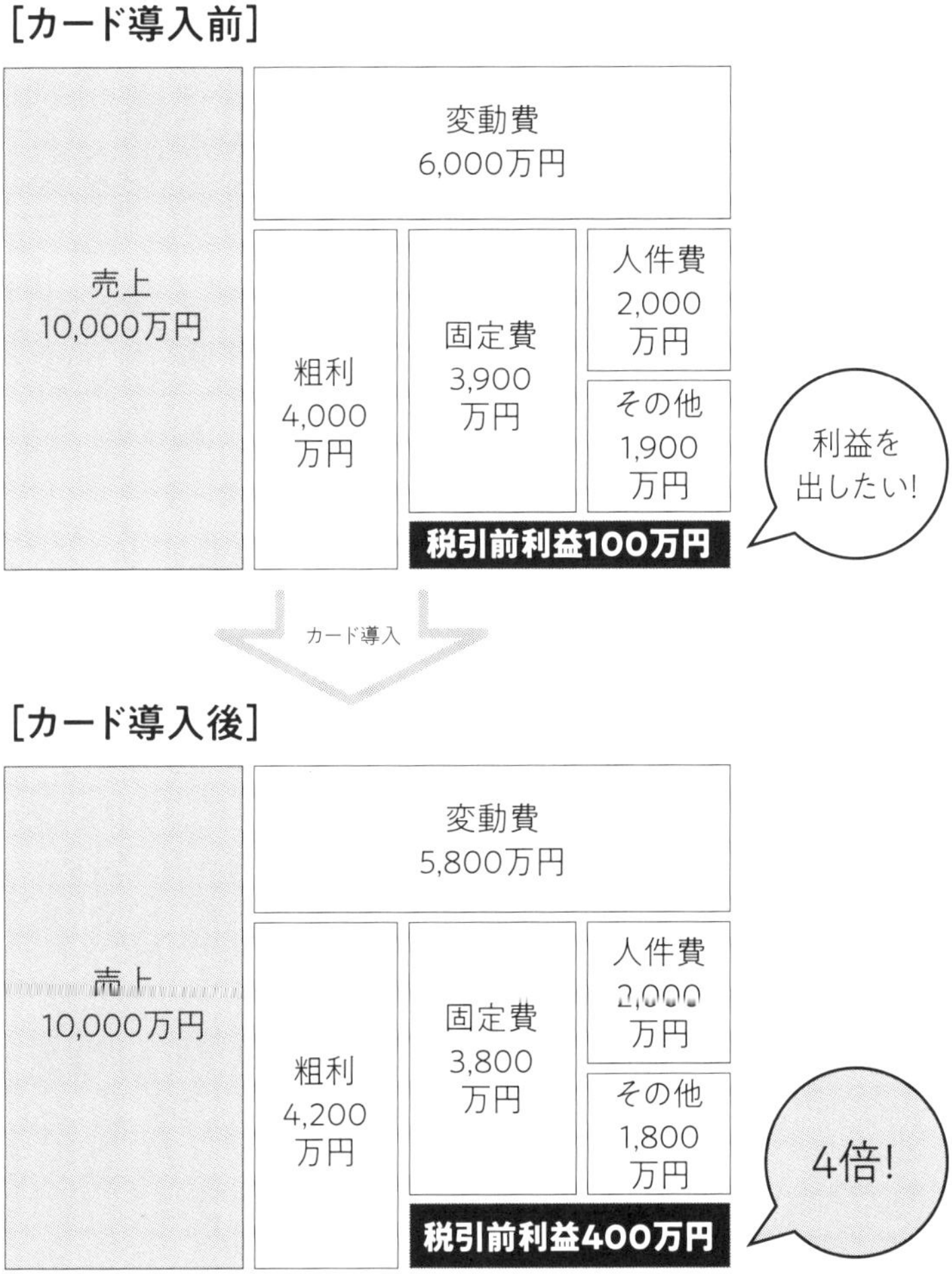

[カード導入前]
売上
10,000万円
変動費
6,000万円
粗利
4,000
万円
固定費
3,900
万円
人件費
2,000
万円
その他
1,900
万円
税引前利益100万円
利益を
出したい!
カード導入
[カード導入後]
売上
10,000万円
変動費
5,800万円
粗利
4,200
万円
固定費
3,800
万円
人件費
2,000
万円
その他
1,800
万円
税引前利益400万円
4倍!

資金不足になる原因

[資金不足になる原因]

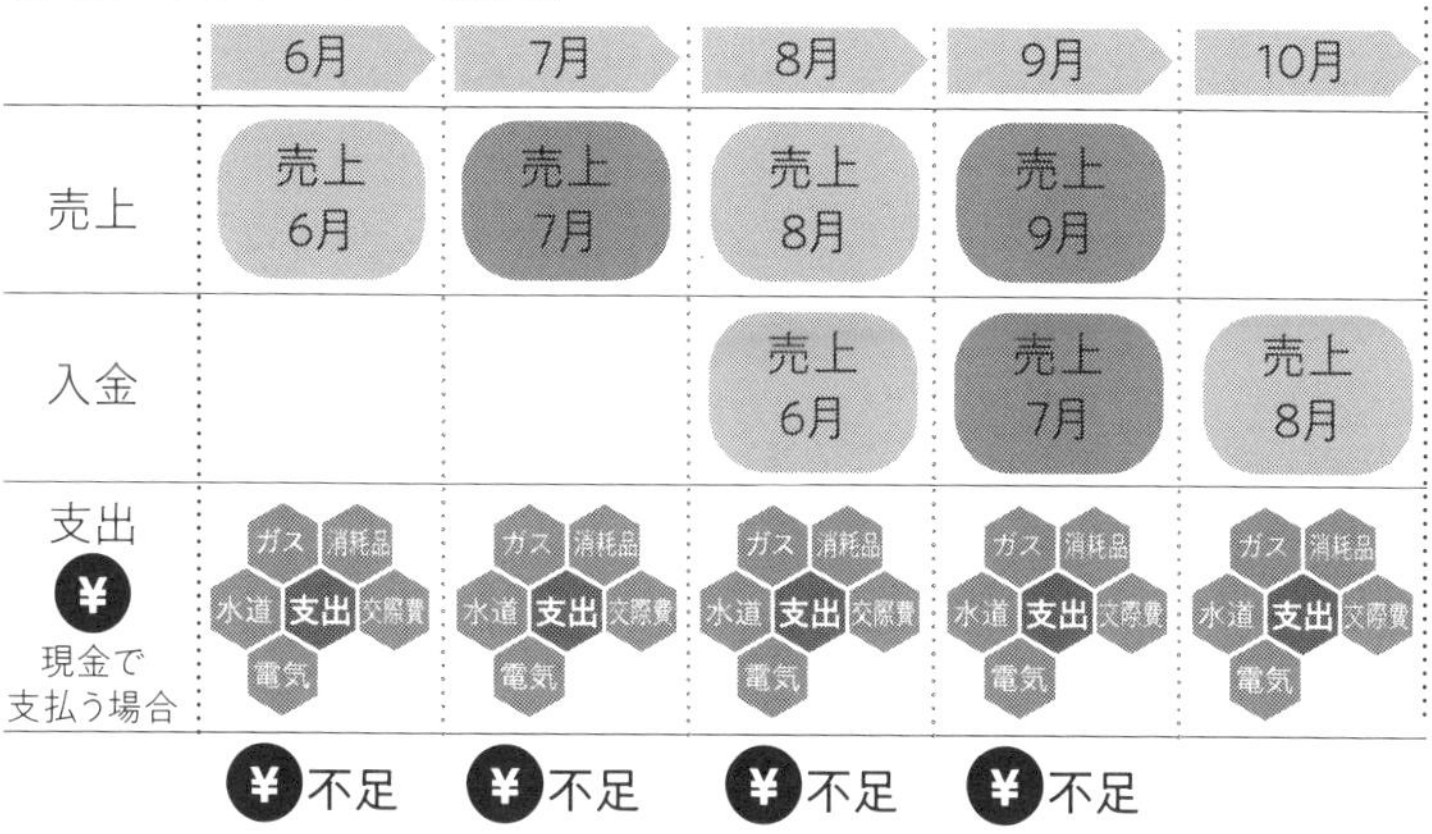

入金のない6月、7月は不足
不足分の銀行借入には金利が、振込支払には振込手数料が発生する。

[支払いを遅らせる]

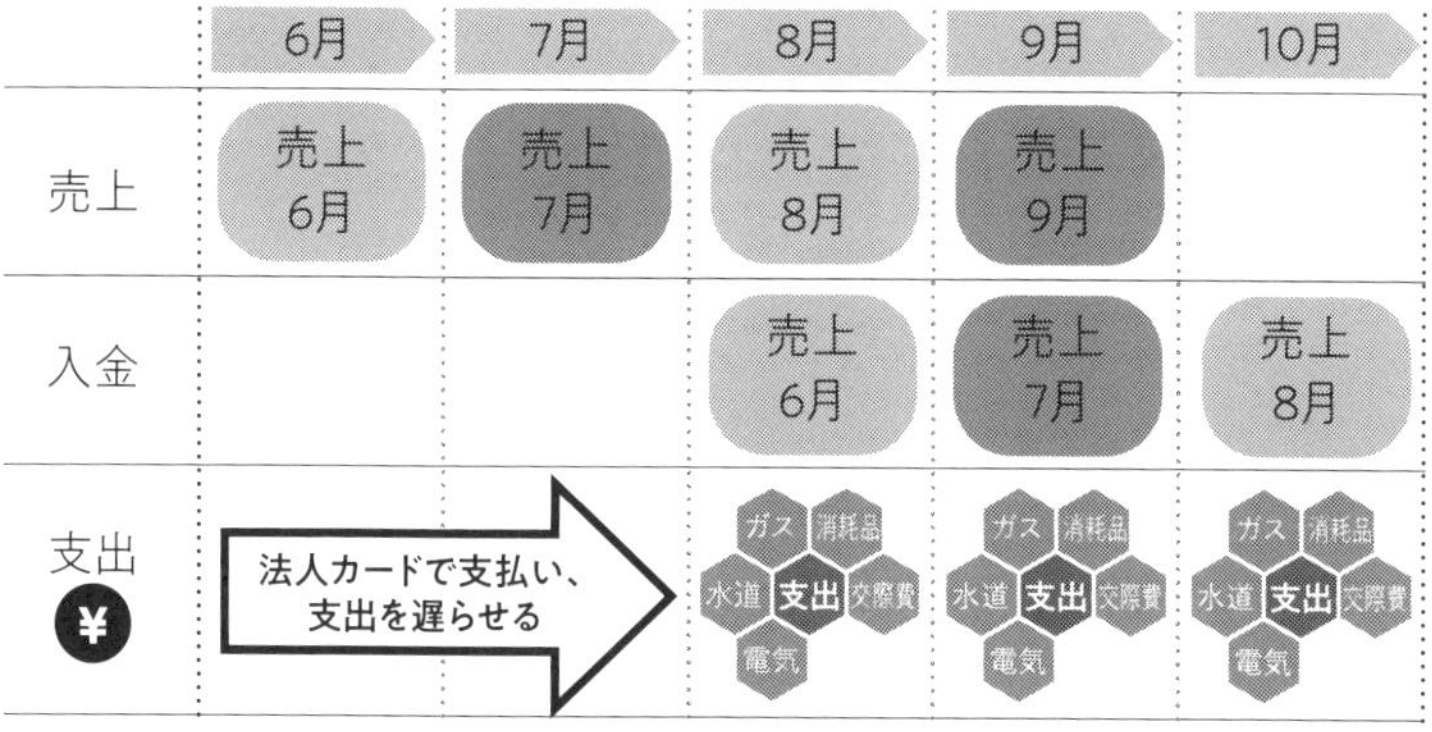

率アップにつながります。

またホテルのスイートを一泊借りて、慰安会をするなど、会社の業務の延長線上にも使えます。

出張旅費規定を整備する

経営者にぜひ社内で整備してほしいのが〝出張旅費規定〟です。

出張旅費規定とは、出張にかかる費用の上限額を設けること。たしえば出張には宿泊費や交通費、手土産代などの出張経費のほか、食事代や喫茶代などの出張手当といった、こまごまとしたお金がかかりますが、この上限額をあらかじめ決めておくということです。一般的に役職に応じて上限額は異なり、それぞれが規定された金額の範囲内でやりくりすることになります。

この規定を活用することで、事務作業が大幅に簡略化できるうえ、クレジットカード決済をすることでポイントやマイルを貯めることもできます。立て替えた出張経費は精算のため非課税、法人側は損金になります。
経営者にとっては、よいことずくめなので、ぜひとり入れましょう。

あなたの会社にもカード決済システムの導入を

ポイント、マイルを貯めるなら、とにかくクレジットカードで払えるものは払うのが鉄則です。

実際の事例です。

【事例1】コンビニエンスストア経営者

この方は、通常の納税を振込からクレジットカード払いに変えました。納税額は1000万円ぐらいでしたから、10万ポイント、10万マイルを獲得。
もともと税金を圧縮したいというご相談でしたが、まず払い方を変えることを提案したわけです。10万マイルあれば、ビジネスクラスで世界一周できます。

ご本人には、ぜひ世界のコンビニや小売りの視察に行ってくださいとお伝えしました。

【事例2】飲食店経営者

居酒屋を経営している方ですが、食材の仕入れの一部をクレジットカード払いに切りかえることで、**ポイント、マイルが貯まるだけでなく、支払いが1～2カ月先になり資金繰りがよくなりました。**

決済額は年間3000万円ぐらいでしたので、獲得できるのは30万ポイント、30万マイル。といっても食材の仕入れ業者で、カード支払いに対応しているところはなかったため、そこはカード会社に紹介してもらいました。つき合いが密な仕入れ先だと切りかえるのが難しいかもしれませんが、そうでないなら切りかえたほうがメリットは大きいですね。

【事例3】歯科医院経営

こちらは納税と材料費の支払いの両方をカードで支払ったパターンです。特に税額は５０００万円と高額。50万ポイント、50万マイルを獲得できました。

ドクターの場合、学会やドクター向けの講演会などで国内を飛行機移動することが多く、この方も貯まったマイルを活用されているようです。

また医療技術はやはりアメリカが進んでいますので、近いうちにマイルでアメリカに視察に行きたいという話もされていました。

【事例４】工場経営者

毎月１５００万円もの電気代を口座引き落としで支払っていましたが、電力会社を**クレジットカードで支払えるところに切りかえたところ、手残りが大幅に増えました。**

毎年のように貯まる１８０万ポイント、１８０万マイルは、社員旅行など従業員の福利厚生に活用しているそうです。


これらの事例からもわかるように企業もクレジットカード対応にしなければ、取引を切りかえられてしまうリスクがあります。

カードのうまみを知った経営者は、できるだけカードで払いたがりますので、導入しないことはリスクになるかもしれません。ぜひ**貴社でもカード決済システムを導入することを検討してみましょう。**

カード決済システムを導入すると、クレジットカード会社に2〜3%の手数料を支払うことになります。この手数料がネックとなって、いまだに現金取引しているところもありますが、クレジットカード会社からの支払いは、15日締めの月末払い、あるいは月末締めの翌月15日払い、と入金サイクルが早いため、かえって資金繰りがよくなったという声もよく聞きます。

またオンライン決済、サブスク決済、メールリンク型決済に対応しているので、紙の請求書を発行しなくていいのもラク。何よりもクライアントから喜ばれてクライアントが増えます。ですからクレジットカード払いもするけれど、同時に自社でもカード決済システムを導入し、クレジットカードで支払ってもらうとよいでしょうね。

カード決済システムを導入するには、ＢｔｏＢに特化した決済代行会社に依頼する

のが近道です。決済代行会社によって手数料などの条件は異なります。
当社でも相談を承っていますので、導入を検討されている方はぜひご相談ください。

法人カードを選ぶ７つのポイント

法人カードを選ぶときは、次の７点がポイントになります。

①　決済限度額
②　納税時の還元率
③　社員カードの発行枚数
④　ポイントを何にかえられるか
⑤　ポイント、マイルの還元率
⑥　マイルの移行手数料
⑦　付帯サービスの内容

① 決済限度額

決済限度額は売上によって限度額の枠を広げることができますので、担当者に相談してみましょう。上限がなくて使えば使うほど、枠が広がっていくカードもあります。また**限度額をこえる金額でも先に振り込むことで枠をあけられる〝デポジット〟というしくみ**もあります。

② 納税時の還元率

通常の還元率は１％なのに、税金払いの場合は０・５％など、ポイント還元率が下がるカードがあるので気をつけましょう。また上限４００万円など、税金払いの金額上限が決まっているカードもあります。

③ 社員カードの発行枚数

法人カードによっては、発行できる追加カードの最大枚数が規定されている場合があります。企業規模や持たせたい社員の人数に合わせて、法人カードを選びましょう。

追加カードの発行枚数が多いと、カードを利用する人数も増えるので、ポイントやマ

イルが貯まりやすくなります。人数分以上のカードが発行できる法人カードがおすすめです。

④ポイントを何にかえられるか

法人カードでポイントを貯めたら何にかえられるか、確認しておきましょう。

Amazonギフト券やキャッシュバック、航空会社のマイル、ホテルの宿泊券など、カードによってかえられるものが異なります。カードによってはマイルにかえられないものもあります。**ビジネス出張の費用をカバーするために、マイルは欠かせませんので、マイルにかえられるものを選びましょう。**

⑤ポイント、マイルの還元率

ポイント、マイルを効率的に貯めるためには、しっかりチェックしていきたい点。還元率が高いと、当然ながらマイルを貯めやすくなるので、1ポイント＝何マイルに還元されるのか、しっかりチェックしましょう。

⑥マイルの移行手数料

ポイントからマイルに移行する場合、移行手数料がかかります。またポイント移行の上限が設けられていることもあります。月間もしくは年内で上限を設定しているところが多いので、移行手数料と合わせて確認しておきましょう。

⑦付帯サービスの内容

特に重要なのが旅行傷害保険の補償内容です。社員が出張中に病気やケガに見舞われたとき、その備えがどの程度かチェックしておきましょう。また、その法人カードを保有していれば適用される〝自動付帯〟と旅行代金をその法人カードで支払うことで適用される〝利用付帯〟があります。

またカードのグレードによって、空港ラウンジが無料で使える、出張や接待をサポートしてもらえるといったサービスもありますから、自分のほしいサービスがあるかどうかチェックしておきましょう。

法人カードの選び方の手順

７つのポイントを踏まえたうえで、加入するカードを次の３ステップで絞っていきます。

〈法人カード選びの手順〉

【ステップ１】

貯まったポイント、マイルを何に使うか明確にする。視察や出張ならどこに行くことが多いのか確認し、社員旅行や表彰旅行なら従業員にどこに行きたいかニーズを聞く。

【ステップ２】

納税が多いか、仕入れが多いか、経費はどんな形で使うものが多いか、確認する。

【ステップ3】

ＪＡＬ派かＡＮＡ派か、こだわりに寄せる。

ステップ1については、せっかくポイント、マイルを貯めても、使わないと意味がありません。ビジネス出張や社員旅行、表彰旅行で行きたい場所を考えてみて、そこに就航している航空会社を確認しましょう。従業員にニーズを聞くと、たいてい行きたい場所について答えが返ってきます。

ステップ2では、会社の経費の内訳や仕入れ金額、納税額を確認して、実際にカードをどれぐらい使うか精査していきます。納税の多い人は納税の還元率が高いものを選びます。

ステップ3は、ＪＡＬかＡＮＡか航空会社のこだわりです。こだわりのある人は、一定数いますので、念のため確認しつつ、従業員が使う場合は外資系の航空会社も検討が必要です。そこから、さらに以下の3分類から選ぶことになります。

①納税でも還元率が高めのカード

② キャッシュバックやポイントなどマイル以外に使えるカード
③ 航空会社のマイルが貯まるカード

基本的に、還元率の高いカードは、年会費が高い傾向にありますが、優遇特典やサービスも多く受けられ、ポイント、マイルも貯めやすくなります。

経営者やドクターなら、納税用としてカードを１枚、日々の経費決済用としてポイント、マイルが貯まりやすいカードを１〜２枚、個人と法人合わせて３〜４枚持つことを提案しています。

［個人クレジットカード編］

個人カードの特徴

法人カードを持つべき理由について、おわかりいただけたかと思います。しかし本書冒頭でお伝えしたように、ビジネスに偏り過ぎている経営者やドクターが、プライベートとのバランスを取り戻し、人生を豊かにするには、個人カードとうまく併用することがカギです。

個人カードの特徴は、次の3点です。

①個人名義でやりとりできる
②ポイント、マイルを貯められる
③納税で利用できる

個人カードは、まず個人名義で支出入を管理できるのが大きな特徴です。ふだんの買い物をはじめ、光熱費や通信費の引き落としに利用し、ポイント、マイルを貯めている人は多いでしょう。

実はふだんの生活費だけでなく、金融機関によっては定期預金や投資信託、生命保険の保険料も会社によってはカードで支払えます。たとえば子どもの学資保険を年に2回ボーナス時に50万円ずつ支払っているのを、カード払いにすればカード決済が１００万円になり、１万ポイント、１万マイルが貯まりますから、それを15年続けたら15万ポイント、15万マイルです。どのみち貯める教育費ですから、ぜひカード払いでポイント、マイルも貯めてほしいですね。

また**オンラインで買い物するときは、ポイントサイトを経由すれば、ポイントを二重取り・三重取りすることもできます**ので、これも当たり前の習慣にしてほしいと思います。

また法人カードと同様、個人カードも納税に利用できますから、自動車税や固定資産税はカードで支払うことでポイント、マイルを貯めることができます。ふるさと納税でも支払い可能です。ふるさと納税については、のちほどくわしくご説明します。

クライアントの事例です。

その方は二代目ドクターで、初代ドクターであるお父様が医療法人の代表で、大きな資産をお持ちでした。とんでもない相続税になりそう、と私のところに相談に見えたわけです。

そもそも相続税は、いろいろな形で圧縮する方法があります。その一つに生命保険の加入がありますが、その保険料もクレジットカードで支払えます。

また私は、お父様からの相続による高額の相続税も、カードで支払うようアドバイスしました。**相続税がかかりそうな人ほど、カードで支払えばポイントを多く獲得できる**からです。

また金額が大きくて上限にひっかかる場合もありますが、個人カードの場合も、交渉で限度額を上げられる可能性があります。特に相続の場合は、それだけ現金を持っているので〝デポジット〟(29ページ)で対応してもらえるはずです。

こんなふうに個人カードで貯まったポイント、マイルは旅行に活用してほしい。これこそが**ビジネスとプライベートのバランスのとれた豊かな人生をおくることのできる究極の使い方**であると、私は考えています。

ふるさと納税をやらない理由はない

ふるさと納税とは、自分の指定した自治体に寄付することで、税金の還付や控除を受けられる制度。自己負担は実質２０００円で、いろいろな返礼品が選べることで人気です。控除上限額は給与収入や家族構成で、決まっています。

ふるさと納税の返礼品で人気があるのは「肉」「米」「カニ」。地方の名産品が２０００円で手に入るわけですから、ぜひ活用したいところです。

ふるさと納税のポイントは３つ。

① クレジットカードで寄付金を支払うとポイントがつく
② 「ふるさと納税サイト」で寄付金を支払うとマイルが貯まる
③ ポイントサイトを経由し、納税サイトで支払うと、さらにポイントがつく

まずクレジットカードで寄付金を支払うとポイントがつきます。また「ふるさと納税サイト」で寄付金を支払うとマイルが貯まります。

ＪＡＬの場合、ふるさと納税サイトで支払うと、寄付金３００円＝１マイルあるいは２００円＝１マイルなど、サイトに応じてマイルが貯まります。

ＡＮＡの場合は、「ＡＮＡふるさと納税」を経由すると、寄付金１００円＝１マイルが貯まります。

さらに納税サイトで申し込む前に、「モッピー」や「ハピタス」といったポイントサイトを経由するとポイントがついて、クレジットカードのポイントと合わせて、ポイントを二重どりできます。

ポイントサイトを経由するときは、ポイントサイトに事前登録し、ポイントサイト内で「ふるさと納税サイト」を探します。

ふるさと納税のオトクな手順をまとめるとこんな感じです。

〈ふるさと納税のオトクな手順〉

【ステップ1】
ポイントサイトに登録する

【ステップ2】
ポイントサイト内で、ふるさと納税サイトを探して登録する

【ステップ3】
ふるさと納税サイトで納税先を決めてクレジットカード決済する

ただし、カードによっては還元率が悪くなることもあるので気をつけましょう。**税金の控除を受けるためには確定申告が必要ですが、もともと確定申告が不要の給与所得者等はワンストップ特例制度を利用できます。**

ふるさと納税のオトクな例をご紹介します。

たとえば、夫婦合計年収2000万円で、50万円のふるさと納税をすると、ポイントサイトから7500円程度、つまり7500マイルがもらえます。

そして1%還元率のクレジットカードで決済すると、50万円×1%＝5000円＝5000マイルがもらえます。獲得マイル数は合計1万2500マイル。

一方、返礼率は寄付額の約30%なので、50万円×約30%＝約15万円の返礼品が届きます。

このように、クレジットカードでふるさと納税すると、地方創生として社会貢献になるだけでなく、ポイントや返礼品がもらえて、かなりオトク。自己負担2000円でも、かなりメリットが出るので、やらないとソンですよね。

ポイント、マイルが貯まったら家族旅行を！

繰り返すようですが、個人カードで貯まったポイント、マイルは、どんどん家族旅行で活用しましょう。

実際、財団法人ハイライフ研究所による『富裕層のライフスタイル研究報告書』によると、お金持ちの関心分野のダントツ1位は〝旅行〟です。

見たことのないものを見たい、食べたことのないものを食べたい、美しいものや素敵なものに触れたい、新しい体験がしたい……、経営者やドクターなどの富裕層は、いつも〝旅行欲〟にあふれています。

それなのに現実には忙しくて余裕がない。周りの目が気になって休めない。現場から離れられない。結果、平日は仕事ばかりで、休みはゴルフか飲み会。家族は不満だらけというわけです。

そこで、**私のコンサルティングでは、まずクライアントに「ご家族がどこに行きたいか、聞いてみてください」という宿題を出します。**家族からしたら、そんなことを聞かれたこともないし、第一声は「えっ、どうしたの？」って。でも、すごく喜ばれるそうです。「妻はヨーロッパ、子どもはアメリカ、僕はハワイがいいんだけどね」なんて、うれしそうに話されます。

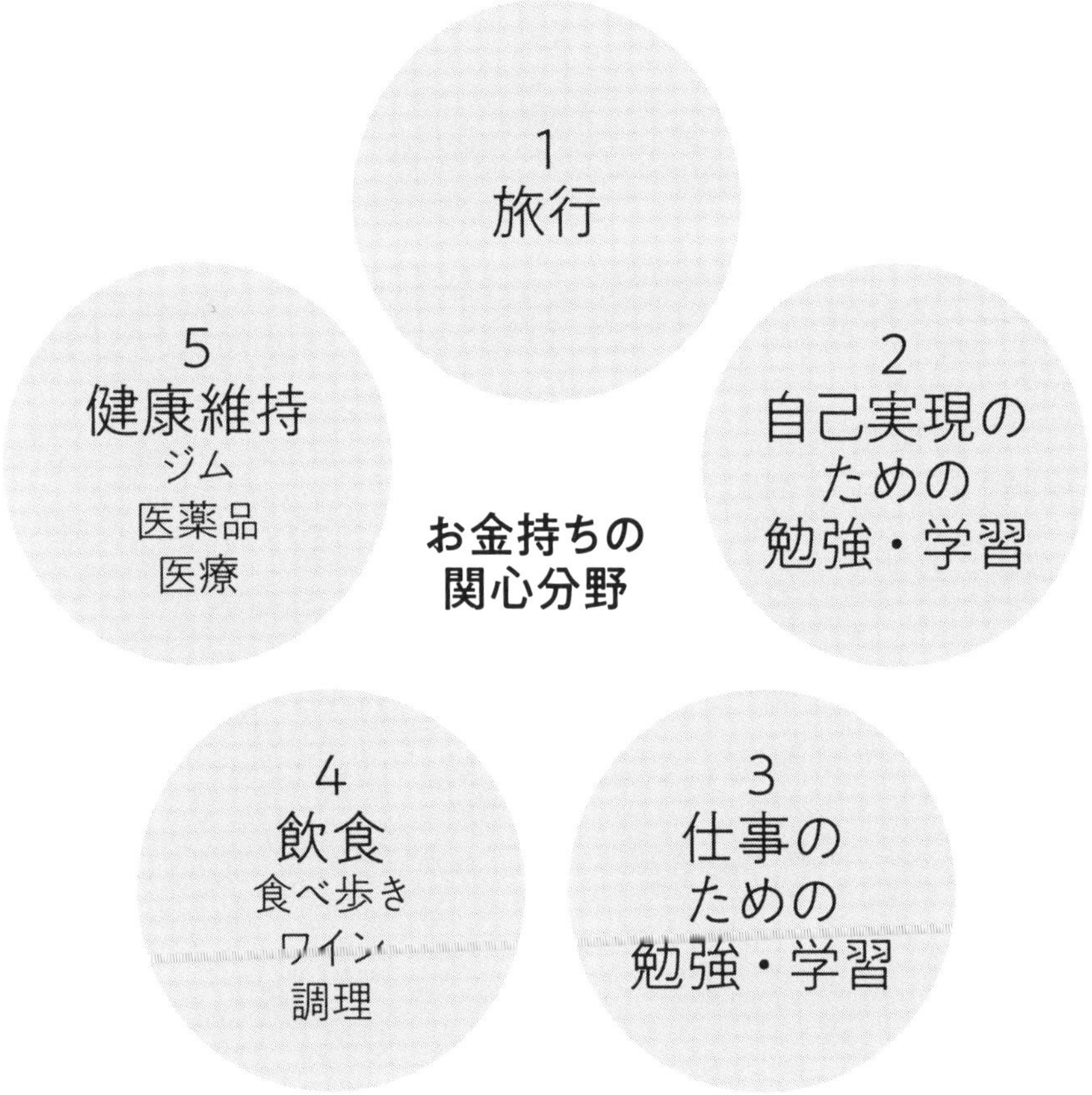
1
旅行
2
自己実現の
ための
勉強・学習
3
仕事の
ための
勉強・学習
4
飲食
食べ歩き
ワイン
調理
5
健康維持
ジム
医薬品
医療
お金持ちの
関心分野

私にとっても、旅行はビジネス、プライベートともに、非常に有意義なものだと思っています。

「アイデアは移動距離に比例する」とよくいわれますが、旅行をすれば、ビジネスのアイデアがわいてきます。

たとえばアメリカで生まれたものや確立されたものが、時間差で日本に入ってくるパターンはいまだに多い。ですから日本の先を行くアメリカに行かないと感じられない現地、現場の空気感もあるので、そういうところに経営者が行くことは大切なことだと思います。私自身は、ハワイばかりですが、ハワイは大陸の入口。やはり、そこにいるだけでビジネスのヒントは与えられます。またハワイは世界の大富豪も不動産を求めて集まりますから、それだけで刺激を受けます。私もいつかハワイに拠点を持てたらいいなと夢見ています。

また人口が増えているアジア各地に足を運ぶのもいいですよね。そこからビジネスのアイデアが浮かぶことも多いでしょう。
実際、私のクライアントや知り合いの経営者の方にも、日本とアジアを行き来している人はいらっしゃいます。なかでもインドネシアとフィリピンを狙って、現地で事業買収するというケースもあります。そのために、わざわざ現地に行き、信頼できる人脈をつくるといったことをされていますね。

さらにプライベートで家族と旅行をすれば、夫婦の絆は強まりますし、子どもにも最高の教育を与えることができます。
最近は親子留学や教育移住をされる方も多いですね。私のクライアントで、家族旅行をきっかけに息子さんが中学校からオーストラリアに行ってしまった方がいます。その方はサーフィンが好きなので、息子さんに会いに行くついでに自分もサーフィンを楽しみながら、不動産視察もされています。

とはいえ、もともと私も仕事人間。いつもやることに追われて、余裕のない毎日を送っていました。

そんなときに出会った師匠（のちにお話しする株式会社アウェアネス〈ＡＷＡＲＥＮＥＳＳ〉の髙橋敏浩代表）は、毎月のように家族旅行の予定を入れていました。ビジネスで大成功しているのに、バランスが取れていて、時間的余裕があっていいなと思い、私もそれを少しずつ真似し始めたところ、**ふだんの時間の質が圧倒的に変わりました**。

予定を立ててしまえば、限られた時間で仕事をこなさなければなりませんので、優先順位を明確にしたり、常に予定を見直したり、明らかに仕事の効果性や効率性がよくなったのです。

ですから行き先が決まったら、さっさと予定を立てましょう。航空会社によりますが、マイルでとれる席が予約できるのは、たいてい一年前から。ただし、いわゆる〝特典航空券〟のため、ある程度、座席数が限られます。人気のスポットだと、すぐに埋まってしまいますから、なるべく早く計画し、予約しなければなりません。プライベートの予定を先に入れることで、確実に仕事の段取りがよくなり、必ず効率がアップします。

いきなり海外が難しいなら、毎月末25〜30日に数日くらいの旅行予定を入れてみることからスタートするのはどうでしょうか。月末は、ほとんどのビジネスマンが締め日で走っている時期。毎月末に走りまくって、人生自体が締め切りと追い込みを繰り返すパターンになっている。

そこから、まず変えていきましょう。数日間が難しければ、近場の1泊2日から、まず入れていきましょう。

締め切りと追い込みを繰り返すのは、いわゆる緊急的な生き方です。よく〝緊急中毒〟と表現されますが、自分を締め切りに追い込むことでアドレナリンが出て、終わるとホッとし、ボーッとする。そのパターンを繰り返している人は、けっこう多いですね。でも**大切なのは緊急的な生き方ではなく、緊急ではないけれど重要なことに、もっと目を向けること。**詳しくは130ページで解説します。

勇気をもって月末に旅行の予定を入れてみると、仕事の質が上がるのはもちろん、家族も喜ぶし、現場を任せられた社員も士気が上がるし、成長するチャンスになります。結果的に、社長がいなくても回る組織になります。

私のクライアントの中にも、かつては仕事一辺倒で、心身共にくたびれていた社長が、夫婦で旅行されるようになった結果、奥様がとても喜ばれて、ご本人も生き生きとされるようになりました。

これをきっかけに、**今までのライフスタイルがガラッと変わって、今では定期的に旅行する習慣がつき、ビジネスも好調**です。

個人カードの選び方

個人カードについては、ポイントやマイルを貯めて、プライベート旅行を実現する。これに特化した持ち方でＯＫです。

カードを選ぶときは、まず法人カードと同様に「ポイント、マイルの還元率」「納税時の還元率」「付帯サービスの内容」の３点と「年会費のバランス」をおさえましょう。

具体的には、実際に自分がどれぐらい決済するか、飛行機にどれぐらい乗るかといったことから考えると、妥当な年会費が見えてきます。たとえば月に１００万円の決済があり、年に2回ほど海外旅行に出かけるのであれば、5～10万円の年会費であれば、十分に元がとれるでしょうね。

カードの選び方は、次の3ステップで考えていきましょう。

〈個人カード選びの手順〉

【ステップ1】

自分や家族の行きたいところを明確にする。

【ステップ2】

オール現金で払ったらいくらか、そのためにどれぐらいのポイントやマイルを貯める必要があるか、確認する。

【ステップ３】

ＪＡＬ派？　ＡＮＡ派？　どちらの航空会社を使うか決める。

ステップ1では、まず自分たちがどこに行きたくて、どういうところに泊まってみたいか、ということをはっきりさせます。いわゆる〝ゴール設定〟です。

奥様がヨーロッパ、ご本人はハワイがいいなら、ヨーロッパとハワイに行ける航空会社に寄せていくと、だんだんカードの種類が絞られてきます。

ステップ2では「ラグジュアリーホテルに泊まりたい」なら、そのホテルに現金で泊まるならいくらかかるか、そのためにどれぐらいポイントを貯めればよいか計算しましょう。ホテル宿泊に強いカードなら、ポイントを貯めやすくなります。

ステップ3では、ＪＡＬ派かＡＮＡ派か。マイルは、どちらかに決めた方が効率的に貯まります。

［0円旅行編］

個人と法人、両方のカードでポイント、マイルを

ここまで法人カードと個人カードの説明をしてきました。経営者やドクターは両方を組み合わせて、うまく使いこなして、それぞれのカードでポイント、マイルをしっかり貯めることが大切です。

クレジットカードで貯めたポイントは、商品や商品券にかえられますが、この本では**無料航空券や宿泊券などにかえることを推奨**しています。

法人カードで貯めたポイント、マイルはビジネス出張や社員旅行、表彰旅行に、個人カードはプライベート旅行、家族旅行に使うことで、従業員や家族の笑顔が増えて、幸せで円満になるからです。

ここではポイント、マイルについて改めて解説します。

マイルを貯めるには「マイレージクラブ」の会員になる

そもそもマイルとは、航空会社のポイントプログラムである「マイレージプログラム」で獲得できるポイントのこと。

マイルは「飛行機に搭乗し、クレジットカードで貯める」「クレジットカードの支払いで貯めたポイントを移行する」といった方法で貯まります。

貯まったマイルは、マイル数に応じて〝特典航空券〟と呼ばれる無料航空券や座席グレードアップサービスなどを獲得できるほか、クーポンや電子マネーなどとも交換できます。ただし**ポイントをマイルにかえられないカードもあるので、注意が必要**です。

ちなみに、日本では「マイレージプログラム」「マイレージサービス」といわれますが、世界的には「フリークエント・フライヤー・プログラム」といわれます。

マイルを貯めるには、まずマイルを貯めたい航空会社の「マイレージプログラム」に入会します。マイレージ会員になると、会員番号が記載されたカードが届きますから、航空券の予約の際に番号を伝えると、自分のマイル口座にマイルが貯まっていきます。

カードは、単なるカードとクレジットカード機能つきのカードがありますが、カード決済のたびにポイント、マイルが積算されるクレジットカード機能つきを選ぶとよいでしょう。効率よく貯まります。

マイルは最大16倍に化ける!?

なぜポイントをマイルにかえるべきなのでしょうか。それは**マイルにすると、ポイント還元率が跳ね上がる**からです。

たとえば100円の買い物をしたら、1ポイントがつく。1ポイント＝1円で使える。ポイント還元率は1％ということですが、マイルにすると、1マイル＝1円とは限らない。3円になることもあるのです。つまりポイント還元率が3％になる。現金の価値に換算すると3倍になるということです。

仮にビジネスクラスでハワイを往復しようとすると、現金だと航空券代が100万円以上かかるケースもありますが、マイルなら6万5000マイルで行けます。

クレジットカードとマイルの関係

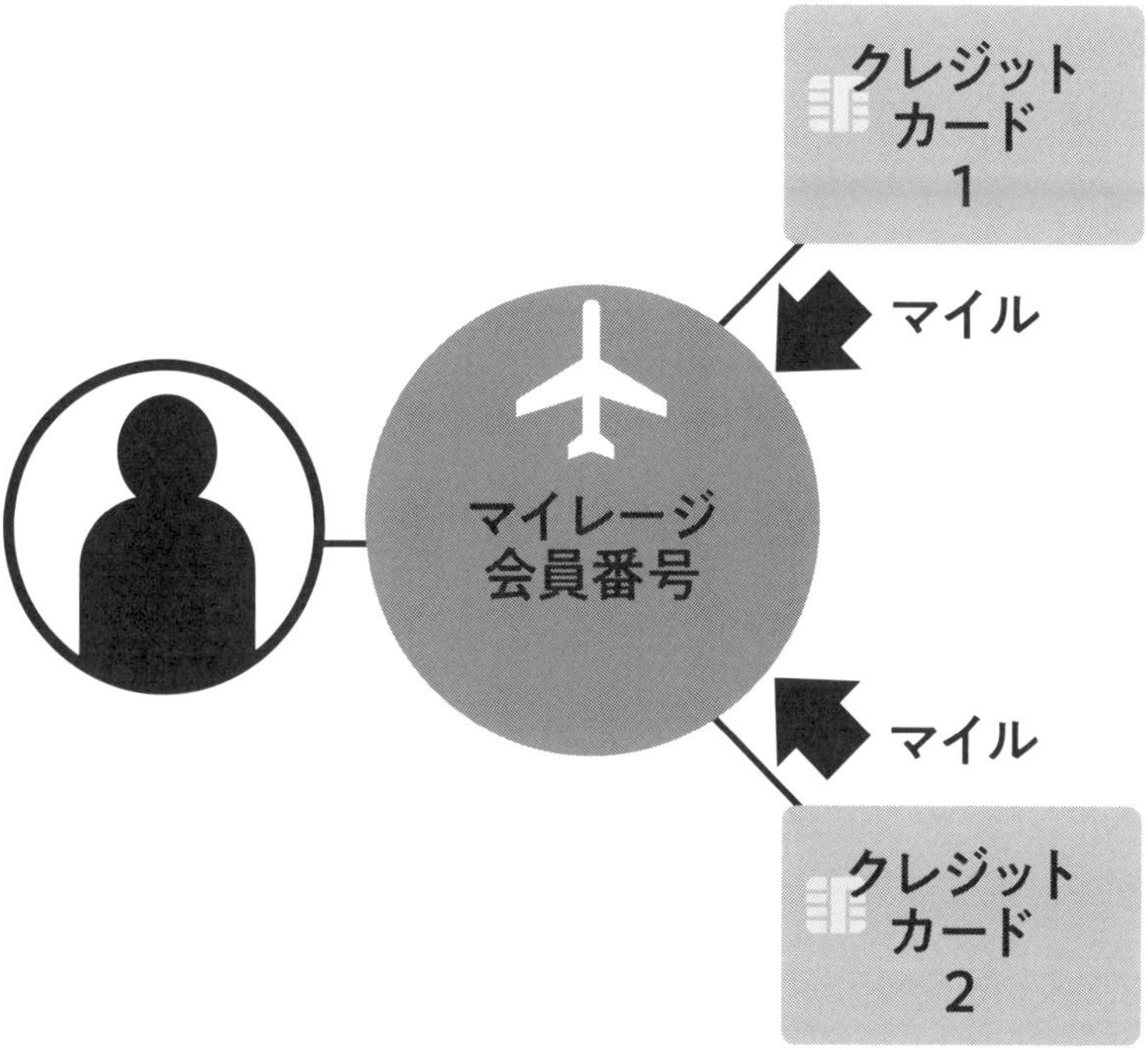

クレジットカードを複数持っていても、マイルはすべてマイレージ番号に集約される。ＪＡＬは一つのマイレージ番号。ＡＮＡは複数のマイレージ番号を一つに統合できる。

6万5000マイルを現金換算すると60〜70万円ですから、マイルのポイント還元率は2〜3%、マイルに2〜3倍の価値があることがわかります。

こんなケースもあります。ファーストクラスで2名がニューヨークを往復する場合、かかる航空券代は443万円。一方、必要なマイル数は、ANA便で30万マイル、JAL便で28万マイル。マイルにすると、443万円÷30万マイル＝14・76、443万円÷28万マイル＝15・82。つまりマイルに変えると、最大約16倍の価値に跳ね上がるのです。マイルのポイント還元率は16%！

マイルは大きく化けることがおわかりになると思います。

この化け方は、距離が長くグレードの高い席ほど大きく、長距離のファーストクラスで1マイル＝12〜16円、ビジネスクラスで6〜10円、エコノミークラス（沖縄など国内線）で3〜5円、となります。

ファーストクラスでニューヨークに往復する場合

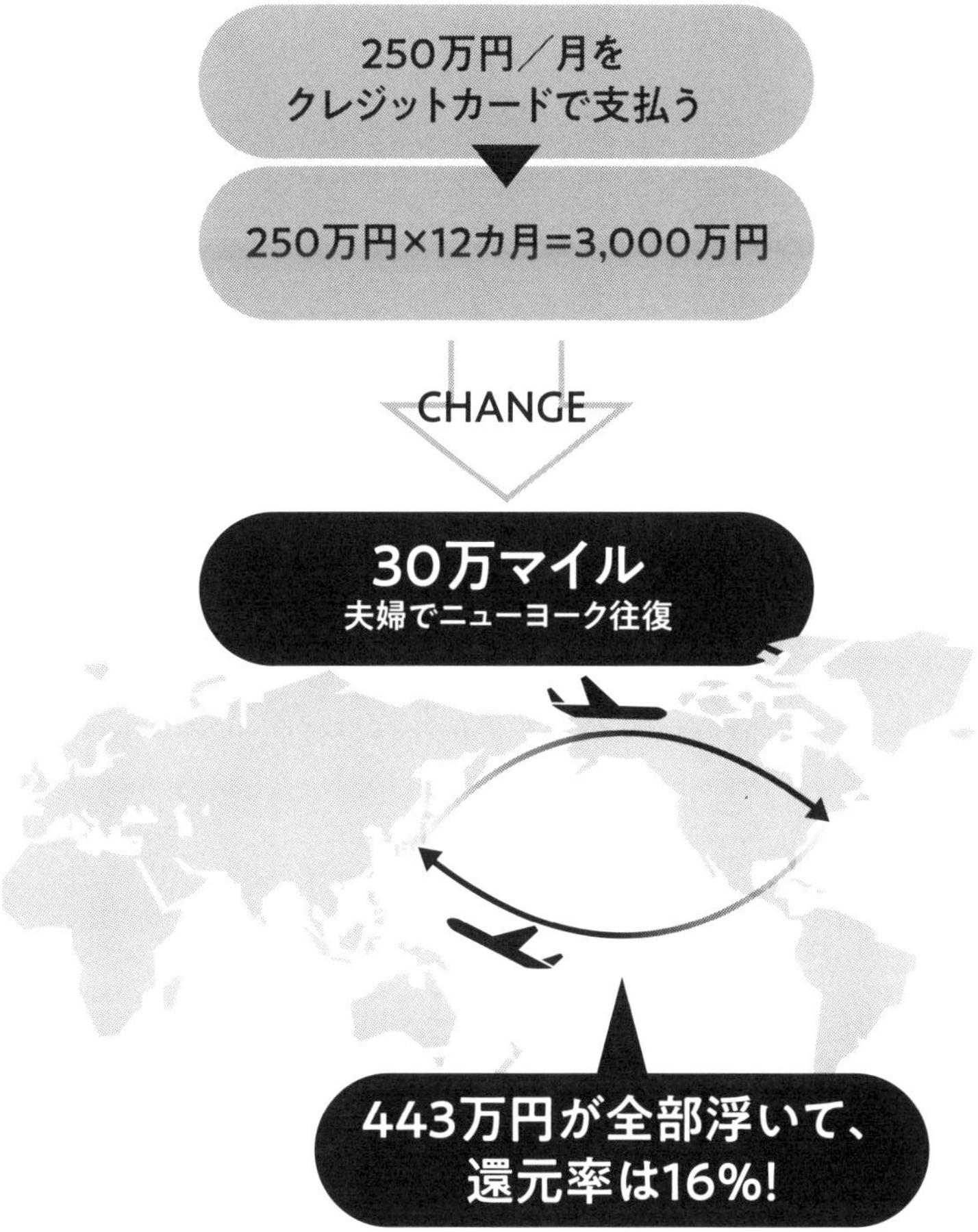
250万円／月を
クレジットカードで支払う
250万円×12カ月=3,000万円
CHANGE
30万マイル
夫婦でニューヨーク往復
443万円が全部浮いて、
還元率は16%!

マイルの価値はこんなに変わる!

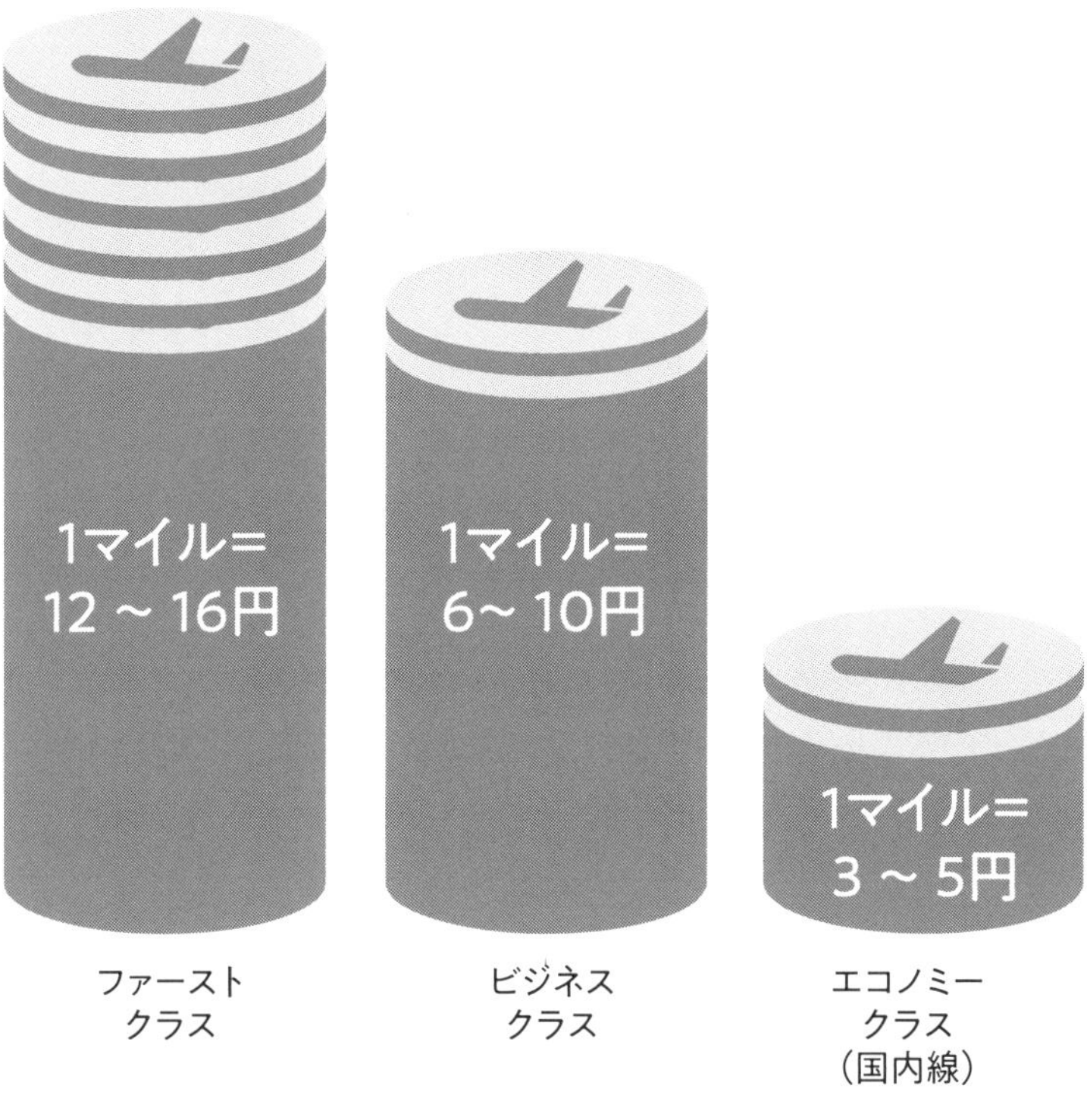

ポイント、マイルで0円旅行を実現

マイルを〝特典航空券〟と交換すれば、航空券代が実質無料ですが、ホテルもクレジットカードのポイントを使うと、無料で宿泊できるケースがあります。

特にホテル提携のクレジットカードなら、提携ホテルの利用でボーナスポイントがつくほか、買い物でもつくので、ポイントが貯まりやすく、次の宿泊費にあてることができます。

つまり航空券代はマイルで無料、宿泊費はポイントで無料、ということで**クレジットカードをフル活用して、ポイント、マイルを貯めれば、実質「0円旅行」が実現で**きるのです。

ポイント、マイルを利用すれば、ファーストクラスやビジネスクラスに乗るのもそれほどハードルが高くありませんし、現金だとちょっと泊まることを躊躇するような金額のホテルにも泊まることができます。

いつもよりグレードの高いところに行けるので、心身ともにリラックスできて健康になりますし、「こんな経験したことがない」といった感動を得られます。

また上質なところに身をおくことで、上質なサービスや空間を体験できますし、何よりセルフイメージが上がり、自信が持てるようになります。**脳が勘違いして〝基準の変更〟が起こる**ため、そちらが自分の基準になって、結果的に売上が伸びたり、稼げるようになるといった具合にビジネスの成果も上がるのです。

私のクライアントで、まさに基準の変更が起こって成功した人がいます。

その方は、シングルマザーで「10年後に月収50万円稼ごう」という目標を持って、私のコンサルティングに見えました。

女性起業家支援やヨガ講師、セッション、マインドケアなど、いろいろなことをされていましたが、セルフイメージが低く、自分は「稼げない人間」だと思っていて、自信がない。

そこで私が「ポイント、マイルを貯めて0円で、ちょっと贅沢な旅行に行ってきてください」とアドバイスしてからは、本当にポイント、マイルをどんどん貯めて、いろいろなリゾート地に行って、ワンランク上のホテルに泊まるようになりました。そこで一流の空間とサービスに触れた彼女は、「私はできる！」とセルフイメージがアップ。

それに稼ぎが連動して、３カ月後には月の売上が50万円どころか２００万円に！　それで自信がついて、今では「どこでも仕事はできる」と大好きな宮古島に移住されています。

ＪＡＬかＡＮＡか

日本の二大航空会社といえば、ＪＡＬ（日本航空）とＡＮＡ（全日本空輸）。よく利用する航空会社がＪＡＬ便ならＪＡＬカード、ＡＮＡ便ならＡＮＡカードを選ぶと、航空券の予約搭乗はもちろん、特約店での買い物でもマイルが貯まります。

マイルを効率的に貯めるなら、どちらか一方に絞ったほうが貯まりやすくなります。しかも、**どちらかのマイレージ会員になると、それぞれのアライアンス（航空連合）のフライトでもマイルが貯まります。**

アライアンスとは、世界各地の航空会社の提携グループのこと。その三大グループは「スターアライアンス」「ワンワールド」「スカイチーム」であり、それぞれのグループ内では、共同運航便（コードシェア便）やチェックインカウンターやラウンジの相互利用、マイレージプログラムの相互提携を行っています。

ＪＡＬは「ワンワールド」、ＡＮＡは「スターアライアンス」に加盟しています。ですから、ワンワールドに加入するアメリカン航空やブリティッシュ・エアウェイズ、スターアライアンスに加入するユナイテッド航空やエア・カナダなどを利用したときも、マイルが加算されるのです。

ただしＪＡＬやＡＮＡのマイルを特典航空券として利用できるのは、会員本人のほか、会員の配偶者または同性パートナー、二親等以内の親族、（ＪＡＬは、さらに義兄弟姉妹の配偶者）となるため、社長が個人カードで貯めたマイルを社員に譲ることはできません。**社員のために使うなら、外資系の航空会社でマイルを貯めたほうがよいでしょう。**

ＡＮＡも乗りたいし、社員のためにも使いたいなら、同じスターアライアンスグループのユナイテッド航空、ＪＡＬならワンワールドグループのブリティッシュ・エアウェイズなどのマイルを貯めたほうがよいということです。

2つの基準で選ぶ

ではＪＡＬとＡＮＡ、どちらがいいのでしょうか。よく聞かれます。どちらにするかは、お好みですが、選ぶ基準は次の２つです。

①どこに行きたいか

自分の行きたい場所に、どちらの航空会社の便が飛んでいるのか、ということが第一の基準です。出張でよく行く場所や帰省先、あるいは将来行ってみたい場所などから考えてみましょう。アライアンスもチェックしてみましょう。

②予約のとりやすさ

第二の基準は予約のとりやすさです。マイルでとれる〝特典航空券〟は、座席が限られているため、目的地が決まったら、早めに予約したほうがベターです。

JALの場合、国内線は搭乗予定日の330日前から、国際線は搭乗日の前日から数えて360日前から予約ができますが、必要マイル数はそのときの搭乗者数で変動します。**ハワイなど人気のスポットは、必要マイルも跳ね上がります。**ただしマイルで乗れる座席数はANAよりも多いので、比較的予約しやすいといえます。

一方、ANAは、国内線は夏ダイヤは1月下旬〜、冬ダイヤは8月下旬〜と、運航ダイヤ期間ごとに一斉に予約開始となります。国際線は搭乗予定日の355日前から。その時々で必要マイル数が変動するJALに対して、ANAはローシーズン、レギュラーシーズン、ハイシーズンで必要マイル数が決まっています。固定なので予定を立てやすいというメリットはありますが、マイルの座席数がJALよりも少なく、倍率が高くなるのはデメリットといえるでしょう。

その他、国際線については、JALは片道の予約ができますが、ANAは往復のみです。またブリティッシュ・エアウェイズはJAL、ユナイテッド航空はANA、とJALやANAの特典航空券を予約できる海外航空会社もあります。

マイルを秒速で貯める方法

マイルを貯めるには、次の3つの方法がありますが、この3つを組み合わせると加速度的に貯まっていきます。

①空マイラー
②陸マイラー
③友マイラー

①空マイラー

実際に飛行機に乗ったり、パッケージツアーを利用したりしてマイルを獲得する人のこと。

JALにしてもANAにしても、航空券の価格で獲得マイルは変わります。ただし、どちらもカード会員なら、ボーナスマイルを受けとることができます。

空マイラーなら、年会費が多少高くても、なるべくマイルの貯まりやすいカードを

チョイスするのがおすすめです。

JALの場合、さらに年会費をプラスして「ツアープレミアム」に登録すると、区間マイルの100%のマイルが貯まるので、先得やツアーなど価格の低い航空券でもマイルが貯まりやすくておすすめ。

ANAなら、ANAトラベラーズ国内ツアー商品を購入すると、旅行代金に応じて100円=1マイルの「ツアーマイル」と、フライト区間の基本マイル50%の「フライトマイル」のダブルでマイルが貯まります。

JALもANAも、飛行機チケットの購入やパッケージツアーを予約する際は、**必ずポイントサイトを経由し、ポイントを二重取り**しましょう。

②陸マイラー

飛行機に乗らず貯める人。食費や被服費、日用品費、通信費、公共料金（水道、電気、ガス、保険料、家賃、塾や習い事の費用、税金（固定資産税、自動車税、ふるさと納税）など、クレジットカードで払えるものは、すべて払うのが鉄則です。

２０２1年総務省家計調査によると、年収９６５万円以上世帯の平均月支出は40万２５７９円。これを、すべてポイント１％還元の店で決済すると、３万３８１６マイル貯まるので、夫婦二人で羽田―沖縄を往復できます。２％還元の特約店の場合なら、６万６３３７マイル貯まるので、家族４人で羽田―沖縄往復、あるいは夫婦二人でジャカルタ旅行が実現できます。

陸マイラーもネットショップを訪れる前に、必ずポイントサイトを経由しましょう。クレジットカードとは別にポイントがもらえて、ポイントを二重取りできます。

さらにＪＡＬカードなら、年会費をプラスして「ＪＡＬショッピングマイル・プレミアム」に登録すると2倍、またＪＡＬ特約店で買うと2倍のマイルが貯まります。特約店かつマイルパートナーの店で買うと、さらにマイルが上乗せされます。うれしいのは、**端数でも四捨五入されて貯まる**こと。つまり、50～99円は切り上げとなり1マイルが付与されるのです。ただし、カード年会費や発行手数料、登録料のほか、交通系ＩＣを含む電子マネーへのチャージにはマイル、ポイントがつかないことが多いので注意しましょう。

ＡＮＡカードの「ＡＮＡカードマイルプラス」なら、ＡＮＡカードマイルプラス加盟店でカード決済すると、クレジットカードのポイントに上乗せして、100円か200円＝1マイルが貯まります。

たとえばANAカードマイルプラス加盟店で1万円の買い物をすると、クレジットカードのポイント100マイル＋ANAカードマイルプラス100マイル＝200マイル貯まるということです。ANAカードマイルプラス加盟店は、セブン-イレブンやマツモトキヨシ、スターバックス、ENEOS、ヤマダデンキLABIなど身近にあるのがうれしいですね。

③友マイラー

一度も飛行機に乗らず、クレカ決済も不要でマイルを貯められるのが「紹介」です。友マイラーとは、友人や知人を紹介することでポイントがもらえる人で、実は最もマイルが貯まりやすい方法です。

紹介プログラムは、誰かを紹介したら「紹介した人」と「紹介された人」の両方にポイントがプレゼントされる仕組みです。

たとえば、1人紹介して3万ポイントもらえるなら、10人紹介すれば30万ポイント。

紹介の仕組み

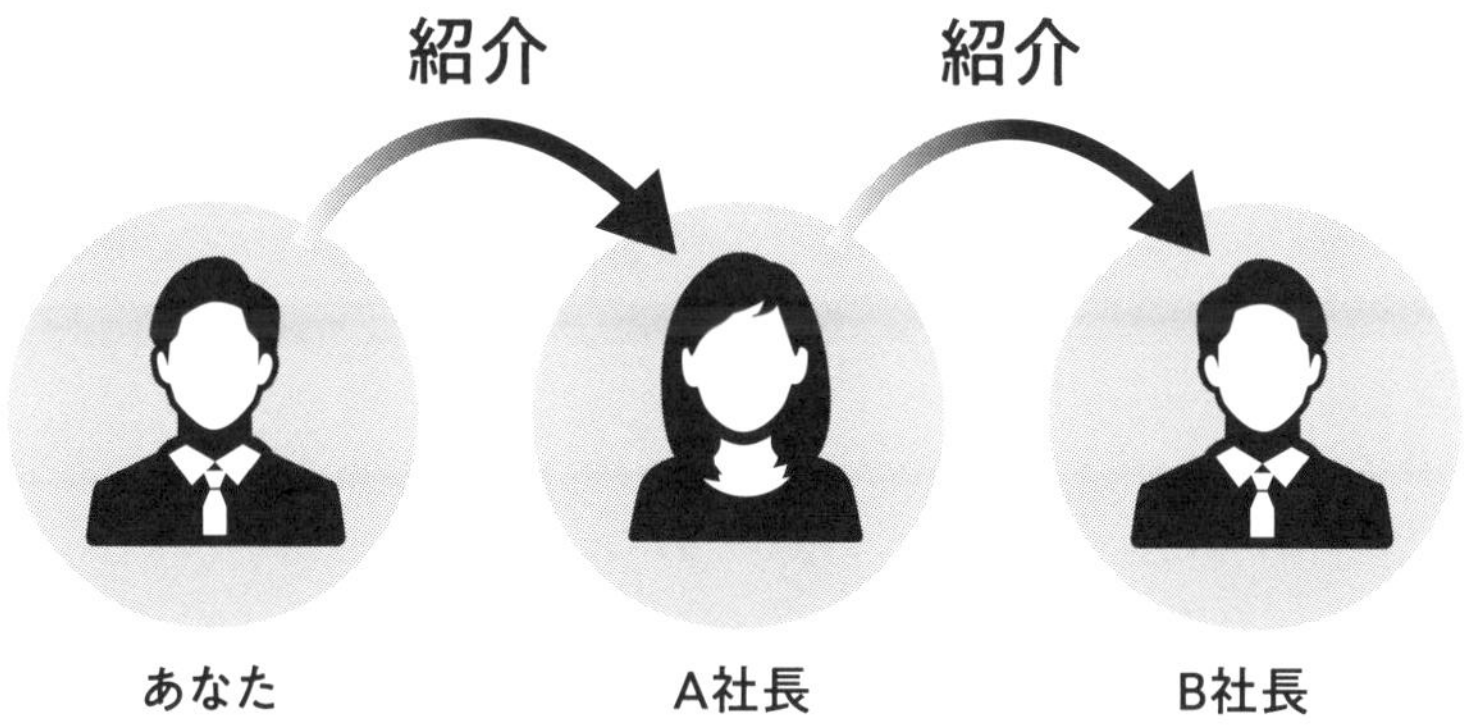

「あなた」が「Ａ社長」を紹介すると、「あなた」と「Ａ社長」がポイントがもらえて、「Ａ社長」が「Ｂ社長」を紹介したら、「Ａ社長」と「Ｂ社長」がポイントをもらえる。このとき「あなた」はポイントをもらえないけれど、これが縁でＡ社長が、あなたにＢ社長を紹介してくれるかもしれない。

相手にもメリットの大きい制度ですから、友人や知人の多い人は、ぜひ活用してほしいですね。

ポイント、マイルの注意点3つ

ポイント、マイルを貯めるにあたり、注意点が3点あります。

①マイルにかえられないカードもある
②ポイント、マイルの期限に注意
③ルールが改変されることがある

①マイルにかえられないカードもある

カードで貯めたポイントは、クレジットカード会社によって、いろいろなものにかえられますが、なかにはマイルにかえられない、商品券にしかかえられないといったカードもあります。

ですから、貯まったポイントが何にかえられるかは気にしたほうがよいでしょう。せっかくポイントが貯まったのに、自分は全く使えない、ほしくないものにしかかえられないなら意味がありません。

②ポイント、マイルの期限に注意

マイルの種類によっては、獲得日から一定期間経つと失効するものがあります。有効期限のあるマイルを貯めている場合は、**航空会社のウエブサイトやアプリで定期的に確認し、期限内に利用して失効させないように注意**しましょう。ＪＡＬ、ＡＮＡのマイルは、ともに3年です。

失効する前に提携ポイントサービスに交換すれば、日頃の支払いにあてて有効活用できます。ＪＡＬなら、「ｅＪＡＬポイント」、ＡＮＡなら「ＡＮＡ ＳＫＹ コイン」にかえて、航空券やツアー代金、燃油サーチャージの支払いに使えます。

③ルールが改変されることがある

クレジットカードのルールは、しょっちゅう改変されます。改変された情報を知らないまま使い続けることはよくあること。しかも、よくなることより悪くなることが多く、還元率がいいと聞いて貯めていたポイントが、還元率が半分になったということもあるので、定期的に見直しが必要です。

改変される理由は、会社の経営状態や売上など。改変されたらすぐにわかるように、日頃から担当者とよい関係性をつくり、何かあったら、すぐに連絡がとれるようにしておくといいですね。

結局、クレジットカードを使いこなしてポイント、マイルを貯められる人というのは、常に明細をチェックし、最新情報をキャッチしている人。たとえば「新しいホテルが○○にできました」「○○キャンペーンが始まります」といったオトクな情報や明細は、すべてアプリでチェックできます。

上級会員って何？

航空会社には、日頃からよく飛行機に乗る人のために「上級会員制度」という、いわゆるお得意様制度があります。

上級会員になるには、マイルとは別に**「ステイタスポイント」**を貯める必要があります。

基本的には航空券を購入して搭乗したときにのみ貯まり、マイルのようにポイントサイトやショッピングで貯めることはできません。ただし独自カードの決済やショッピングでもステイタスポイントを獲得できるような航空会社もあります。

ステイタスポイントが貯まれば貯まるほど、上級会員のステイタスランクが上がり、ステイタスランクが高いほど優遇サービスが受けられます。

この上級会員資格を狙って、各航空会社で定められた基準をクリアするために複数回の搭乗を目指すのが、いわゆる「**修行**」です。特にどこに行くわけでもなく、やたら飛行機に乗っている人たちがいますよね。彼らこそ、まさに修行をしている人たちです。

「マイル修行」「ステータス修行」ともいわれます。上級会員になると、航空券の予約がとりやすい、ボーナスマイルの加算、優先搭乗や優先手荷物受取、空港ラウンジの利用、といった優遇サービスが受けられます。搭乗や手荷物受取にやたら待つこともなく、ラウンジで落ち着いて仕事ができるので、忙しい経営者やドクターにはうれしい制度です。

また何かと優先されるのは、小さい子ども連れの家族にとっても、ありがたいもの。

ぜひ飛行機にたくさん乗って、上級会員資格の取得を目指しましょう。

ホテルの上級会員とは

一方、ホテルにも「上級会員制度」があります。

ホテルの上級会員制度にも、ステータスランクがあり、泊まれば泊まるほどランクが上がります。とにかく宿泊数が問われます。

そして一定のランクに達すると、上級会員として、さまざまな優遇サービスが受けられます。たとえば上級会員になると、次のようなサービスが受けられます。

●アーリーチェックイン

海外の場合、現地に午前に着くことが多いもの。そうすると15時のチェックインまで、眠いまま観光にいくか、ロビーで半分寝ているか……。でもアーリーチェックインなら、到着したらすぐにチェックインできる。

●レイトチェックアウト

通常のチェックアウトは午前だが、レイトチェックアウトは14時、16時、18時といった遅い時間にできるので、夜遅いフライトでもホテルに滞在できてラク。

●ホテルの専用ラウンジに入れる

ホテル内の上級会員専用のラウンジに入れる。無料で食事ができたり、お酒を楽しんだりすることができる。

●アップグレードされやすい

優先的にアップグレードされやすく、最初はポイントでお手頃な部屋を予約して、その後、スイートにアップグレードされることもしょっちゅう。そういうノウハウを使ってスイートにして、「社長どうぞ」と接待に使うのもあり。

●朝食無料

一人６０００～７０００円の朝食が、二人分無料になる。ホテルによっては部屋に運んでもらえたり、焼き立てのクロワッサンを持ってきてくれたりといったサービスもある。

三浦の例

私がクレジットカードを駆使して、0円旅行を実現した体験談をご紹介します。

〈三浦の所有するカード〉

（個人カード）

・Marriott Bonvoy アメリカン・エキスプレス・プレミアム・カード（上級会員）
・ANAアメリカン・エキスプレス・ゴールド・カード（上級会員）
・アメリカン・エキスプレス・プラチナ・カード
・ヒルトン・オナーズ　アメリカン・エキスプレス・プレミアム・カード（上級会員）

（法人カード）

・アメリカン・エキスプレス・ゴールド・カード（法人別に何枚か所有）

・ラグジュアリーカード　ゴールド

私の場合、クレジットカード講座を始めたことから、紹介プログラムによって、どんどんポイント、マイルが貯まっていきました。いわゆる友マイラーです。

結果的に約２カ月で２００万ポイント、２００万マイルが貯まりました。

そのときは同時に航空会社（ＡＮＡ）とホテル（マリオット）の上級会員資格を獲得するために修行をしていました。

まず航空会社については〝三角飛び〟を実践していました。三角飛びとは、羽田↓那覇↓新千歳↓羽田とＡＮＡ国内線最長路線を使い、日本をぐるっと一周すること。修行僧の間では、この三角飛びはマイルを最も効率的に獲得する方法として知られていました。**すべてプレミアムクラスで周遊すると、プレミアムポイントを８０００ポイント以上獲得できた**のです。

私の修行も、まず羽田から那覇に行くところからスタート。那覇ではTシャツですが、次に行く新千歳ではパーカーを羽織ります。そして、その日のうちに羽田に戻ってくる。それぞれの滞在時間は1時間から1時間半。トータルフライト時間は、約7時間半ですが、これはホノルルまでの飛行時間と同じぐらいですから、そう長いわけではありません。空港のラウンジも使えますし、やはりこれだけのかたまりの時間があれば、誰にも邪魔されず、ふだんできないことができます。私は機内とラウンジで読書をしたり、未来の計画を立てたりといったことが実際にできました。

ただし今は、那覇と新千歳の直行便がなくなってしまったため、羽田→那覇→〝福岡〟→新千歳→羽田、と間に福岡を挟む方法が効率的といわれています。とにかく、**なるべく遠いところを経由するのがコツ**です。

もう一つのコツは、**2倍キャンペーンなど、マイルが増えるキャンペーンを利用すること**。修行するときは、なるべくこのキャンペーンを狙って実行しましょう。

ホテルの上級会員を目指していたときは、かなり計画的にポイントを獲得していき

国内修行の例

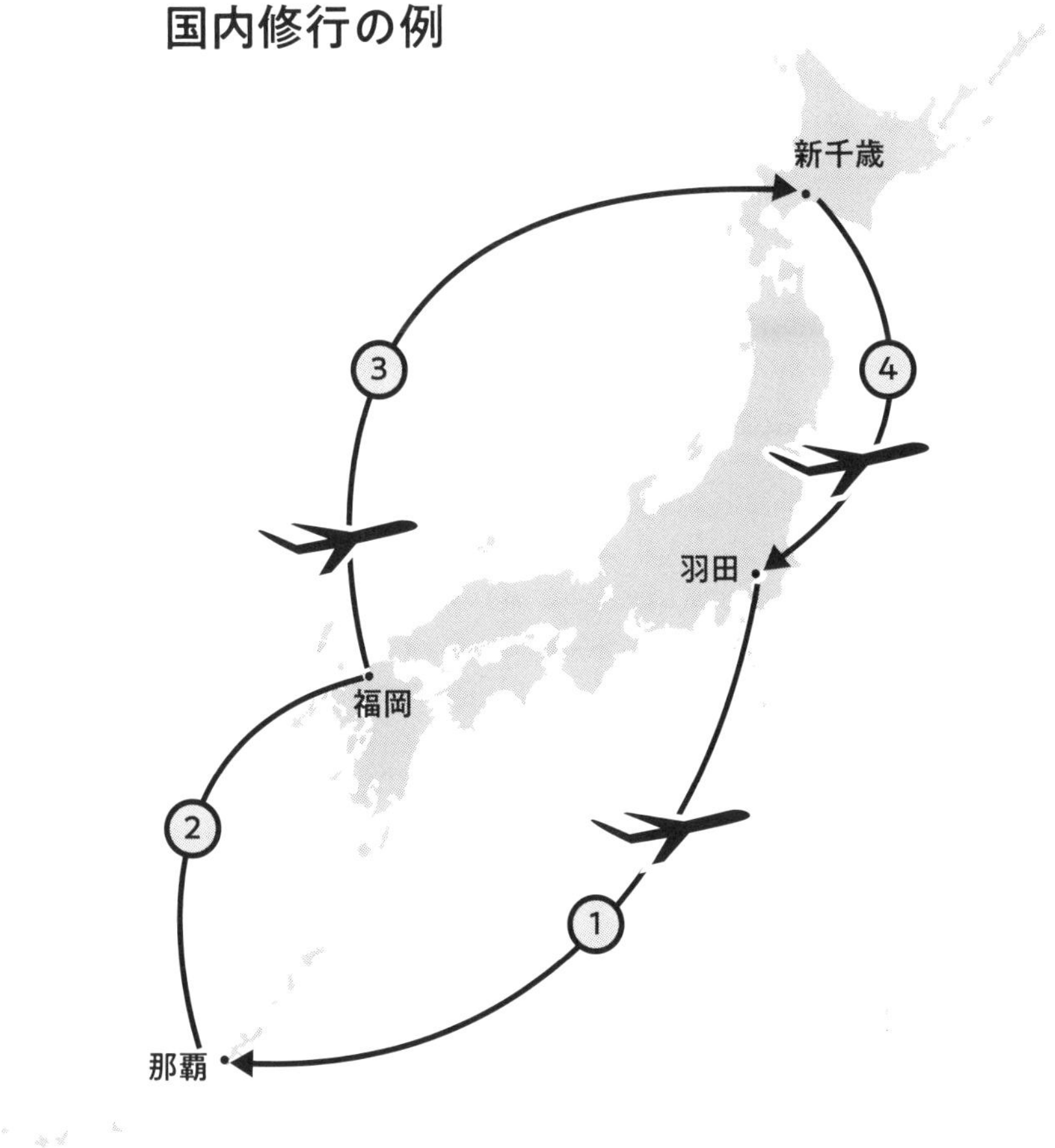

最長路線を使って日本を一周すると、効率よくマイルが貯まる。

ました。まず12月に上級会員（プラチナ）になると目標を立てて、そこから逆算して計画を立てました。

図を見ていただくとわかるように、8月は名古屋、那覇へ。これは自分一人の出張です。9月の軽井沢は家族で。10月のハワイ、伊豆は家族で。12月に大阪は自分一人で、パースは家族で行って、晴れて上級会員になれました。

その後はポイント、マイル等を駆使して0円旅行を実現し続けており、上級会員資格はＡＮＡはダイヤモンド、マリオットはアンバサダーエリートにまでなることもできました。

まず国内旅行についてご説明しましょう。**羽田～那覇間の航空券は、6万マイル**で特典航空券にかえたため全員無料に。

ホテル宿泊については、「Ｍａｒｒｉｏｔｔ Ｂｏｎｖｏｙ アメリカン・エキスプレス・プレミアム・カード」で貯めたポイントで、「イラフ ＳＵＩ ラグジュアリーコレクションホテル 沖縄宮古」のプレジデンシャルスイートを0円予約しました。

三浦のホテル修行

8～10月に集中して宿泊してポイントを貯めまくり、12月に上級会員に。

8月
名古屋マリオット 1泊
リッツ・カールトン那覇 2泊

9月
軽井沢マリオット 1泊

10月
リッツ・カールトンハワイレジデンス 5泊
伊豆マリオット 1泊

12月
コートヤード大阪 1泊
リッツ・カールトンパース 5泊

海外旅行では、そもそも**ハワイはマイルでの予約がとりにくいので、ANAコインを利用**しました。

ホテルについては予約後に電話し、キャッシュを追加して、部屋をスイートルームにしてほしいと依頼し、グランドオーシャンビュースイートにアップグレード確約。その後、メールでお礼を送りました。

上級会員だったため、優先的にアップグレードしていただけて助かりました。当日は午前中に到着したものの、アーリーチェックインができました。これも上級会員ならではの特典です。

アップグレードは通常会員でもお願いできる

アップグレードは上級会員ほど優遇されますが、会員でアプリをダウンロードしていれば、誰でもお願いすることはできます。

ただし上級会員は、ある一定層ランク以上になると、スイートルーム以上を確約する権利を年に何回か使える権利があり、そうすると5日ぐらい前までにお願いすると

0円旅行～国内旅行編（宮古島）

【航空券】ANA便　羽田⇔宮古　大人2名、子供1名
定価：往復約18万円／人×3名＝約54万円（プレミアム席）
↓
2万マイル／人×3名＝6万マイル。無料

【ホテル宿泊】イラフ SUI ラグジュアリーコレクションホテル 沖縄宮古
3泊4日　大人2名、子供1名
定価：合計150万円
↓
「Marriott Bonvoy アメリカン・エキスプレス・プレミアム・カード」のポイントで、宿泊費は基本的に無料
●上級会員カード特典で、
ホテル内のレストランは20％オフ（当時）、朝食無料

0円旅行～海外旅行編（ハワイ）

【航空券】ANA便　成田⇔ホノルル　大人2名、子供1名
定価：往復約60万円／人×2名＝120万円（ビジネスクラス）
↓
ANAコイン：120万コイン利用で無料

【ホテル宿泊】ザ・リッツ・カールトン・レジデンス・ワイキキビーチ
10泊12日　大人2名、子供1名
定価：合計23.7万円／日×10泊＝237万円
↓
「Marriott Bonvoy アメリカン・エキスプレス・プレミアム・カード」のポイントで、宿泊費は基本的に無料
若干の追加料金を支払い、グランドオーシャンビュースイートにアップグレード

アップグレードされることがあります。

アップグレードをお願いするときは、誕生日や結婚記念日など記念日を伝えると、なかなかのアピールになります。

私の場合、行く2、3日前、まずホテルのスタッフに「よろしくお願いします。お世話になります」という挨拶のメッセージを送ったうえで、「子どもが小さいので、海やプールに行くのでバスタオルとタオルを最大限にください。あとアップデートもお願いできるとありがたいです」と伝えていますね。

これぞ上級会員の威力!?

最後に私の失敗談をご紹介させてください。

数年前、ハワイにフライトしようと思って成田に行ったら、妻が子どものエスタをとる際に入力するパスポート番号を間違えて、エスタが発行されないという事態になりました。その場ではどうにもならず、フライトに間に合わないので、もう家に帰るしかない。とりあえず自宅に戻り、ＡＮＡに電話をしました。

そこからＡＮＡの方に、私がＡＮＡ派であることをアピールしながら、いろいろ交渉した結果、キャンセル不可のフライトチケットだったのに、そのままスライドして次の日に変更してもらえました。ホテルもそのままスライドに。

余分に成田を往復したものの、大ケガにならなかったのは、ＡＮＡのはからいのおかげ。ＡＮＡの方には「ありがとうございました。これからも何卒よろしくお願いします」と丁重にお礼を伝えましたが、これも私がＡＮＡの上級会員であったことと無関係ではないだろうと思っています。

第２章

こうして私は
クレジットカードに
出合った

第1章では、クレジットカードについて、たっぷりと解説しました。クレジットカードに興味がでてきましたか？　マイルを貯めて0円旅行をしたい、上級会員を狙ってみたい、そう思っていただけたでしょうか？

さて私自身、クレジットカードに出合ってからは、ビジネスではマーケットが大きく広がり、プライベートでは家族との思い出作りの時間が増えたりなど、人生が肯定的に変化していますが、そこに至るまでに紆余曲折がありました。

ここでは、そんな私の半生についてお話しさせてください。

自分の親は本当の親じゃない!?

私は東京生まれで小学校、中学校、高校は岩手県で過ごしました。そもそも私が、両親の実の子どもではない、養子と知ったのは15歳のときのこと。小学生のときに、自分の血液型が両親の組み合わせからはあり得ない血液型だと知ったときにあれ？と思ったことがありましたが、そのときはそこまで深く追求しませんでした。

しかし中学校3年生のとき、それも高校受験2週間前に、それが発覚したのです。

きっかけは、母親が私に口うるさく言って、それに私が反発するという、いつもの喧嘩。でも、そのときは母親が喧嘩の延長上で、私が実の子どもではないことを口にしたのです。

母親に「何か聞きたいことがあるか」と言われましたが、そのときは私も感情的になっていたので「別にない」と言って終わりました。

当時の心情としては、半分は「ああ、そうか」という気持ち。ショックとまではいかないけれど、軽い痛みを覚えるような感覚でした。もう半分は「よかった」という安堵感。というのは、母親は前々から「人生にはいろいろ受け入れがたいことがあるんだ」と意味深なことを言っていたので、私は両親が何か重い病気なのかなと薄々心配していたのです。でも病気ではなかったとわかって安堵したのです。

高校受験直前に自分の出生の秘密を聞かされましたが、どこか冷めていたのか特に影響もなく、第一志望の公立高校には無事に合格しました。
高校入学後はバスケットボール部に入部し、朝早く行って夜遅く帰る生活。土日も部活で勉強はほとんどしませんでした。

出生については、母親から告白されて以来、その話題を親子で話すことはありませんでした。そのことに触れてしまうと親に気を遣わせたり、傷つけたりしてしまうかなという思いが私の中ではあったからです。

そして高校3年生になって進路を考え始めますが、特に大学でやりたいことはありません。とにかく親元から離れたくて、県外の大学を探していました。
親からはお金がかかるから私立はダメ、国公立に行けと言われましたが、私は教科の得意不得意が激しかったため、5教科必要なセンター試験は、まるで歯が立たず。結局、得意な現代文と日本史のウエイトが高かった関東の私立大学の法学部におさまりました。

学生時代はアルバイトに明け暮れる

晴れて親から離れて夢の一人暮らしをスタートさせたわけですが、学校にも行かずアルバイト三昧。コンビニエンスストアの深夜勤務に家庭教師、探偵の助手もしました。

深夜のコンビニバイトを経験してよかったことは、忍耐力がついたこと。そもそも長時間ですし接客、レジ、簡単な調理、品出し、掃除まで、やることがたくさんある。

４年間続けたので、継続力も身についたかもしれません。

繁華街にあったので、外国人や酔っ払いなど、いろいろなお客様に接して、そこから接客業も学びました。

一方、お客様が来ない〝待ち〟の時間もあり、「なんか暇だな」と退屈な気持ちになりましたが、店長から「待つのも仕事だよ」と言われたことは、今もよく覚えています。

家庭教師にも、どっぷり浸かっていました。といっても私が家庭教師をしていたのは、一家庭だけ。メインは、家庭教師先で使う教材を売る営業の仕事でした。流れとしては、家庭教師センターが電話でアポをとった家庭に私が教材を持っていき、そこのお子さんに体験してもらい、よかったら買ってもらう。買ってもらったら、別の先生がセンターから派遣されていました。

教材は数十万円もする高額なものでしたが、子どもがやりたいといえば、親も買うしかない。つまり決裁権のある親にイエスと言わせるには、いかに体験で子どもをやる気にさせるかということが重要でした。

ですから私は体験の場においては、お子さんに一緒に頑張ろうね、となるべくモチベーションを上げるような声掛けをしていました。また親に嫌われてしまったらおしまいなので、大学生ではありますが、礼儀正しく、失礼のない態度を心掛けていました。

今思うと、このアルバイトが初めての営業経験でした。

その他、探偵事務所の助手として浮気調査の尾行などを手伝いました。ほんの短期間でしたが、相手の行動をメモしたり、運転手をしたり、全く知らない世界を見ることができたのはよかったですね。

アルバイトばかりやっていたので、月に40万円は稼いでいました。アルバイト以外には、パチンコ＆スロットで遊ぶ日々。パチンコ＆スロットは、朝早くから夜遅くまで長時間労働。トイレは我慢するし、ひどい肩こりに見舞われる。たばこもセットでついてくるので、とにかく健康によくない。

しかし確率論を学べる。忍耐力がつく、感情コントロールができるようになるといったことは、よかったといえるかもしれません。

全く学校に行かず留年

そんな生活でしたので、学校には全く行っていませんでした。3年生のときに、テストの予定を学校に確認しに行ったら、すでにテストが終わっていたという……。当然ながら、1年留年しました。

当然、親からは説教。国公立に行けといわれたのに私立に行き、なおかつ仕送りまでしてもらっていたのに留年。親からしたら、ふざけるなという話ですよね。こっちはこっちで「だったら、やめる」なんて言って、そうすると親は、せっかく入ったんだからやめないで頑張れって。ふだんは母親が厳しく、父親はやりたいことをやれというスタンスでしたが、このときばかりは父親に言われた記憶があります。

その後、4年生になったものの、これは単位がとれないな、もう一年留年だなと思っていましたので、就職活動は全くしませんでした。でも、なぜか単位がとれていて、気がついたら卒業していたんです（笑）。

ただ卒業してからも、そのままプラプラしていました。アルバイトをしたり、パチンコやスロットをしたり、何となく生活は成り立っている。そんなときに高校時代の同級生に会って、東京で働くという話を聞きました。じゃあ、俺もとりあえず東京に行こうかなって。卒業後3～4カ月はプラプラし、夏ごろに上京したのです。

保険の営業マンから36歳で独立

上京し、たまたま保険のセールスをしていた人と知り合い、**生命保険会社の代理店に営業マンとして就職**することになりました。

私のおばも保険のセールスをしていましたが、保険のセールスといえば、イコール職場にやってくる保険の「セールスレディー」の時代。当時の業界は強引な勧誘も少なくなく、煙たがられる存在でしたが、だからこそ鍛えられるし、無形の商品ゆえ本気でやれば成長できると思いました。

飛び込み訪問、ポスティング、説明会、電話、ダイレクトメール、手紙と何でもやりました。うまくいくこともあれば、うまくいかないこともある。でも日々成長しているという実感が持てて、楽しかったですね。

その後、店長になり、10年後には執行役員にまでならせていただきました。

しかし副業が成功し、役員報酬をこえるほど稼いでいたため、社長から「どっちかにしろ」と言われて「では、辞めさせていただきます」と、13年勤めた会社を辞めました。36歳のことでした。

会社を辞めることに躊躇はありませんでした。今のままではずっと会社員で、時間の制約もあるし、成長しているといっても、それは会社員としての成長であって、自分の考える成長とはちょっと違う。それよりは独立起業して経営者になったほうがいい。そういう思いはずっとありましたので、いい機会だと思ったのです。

それまでも、いつか独立起業したいと思いながら、お客様もいるし、部下もいるし、とずっと言い訳していたのです。でも社長から、どっちかにしろと迫られて、ようやく踏ん切りがついたわけです。

どうしようもない状態から社会に出た私にとって、会社員時代の上司である会長と社長は、拾ってくださり社会人として大切なことばかりを教えてくださった恩人です。不義理のような形で辞めることになったので、必ず成功することでしかお返しできないと心に誓いました。

その後、独立し、これまで副業だったものを本業にして頑張るわけです。人材を育成していく事業ですが、この事業を大きくしていくことは、そう簡単ではありませんでした。

入ってくる人もいれば、辞める人もいて、なかなか事業として安定しない。会社員であれば、会社が決めた目標と業務があり、それをこなせばいいわけですが、独立すると、すべて自分がデザインしなければならない。私には会社員で培った筋肉しかついていないので、なかなかうまくいかないのです。まだまだ勉強しなければいけない、成長しなければ、とセミナーやコンサルティングをたくさん受けて自己投資をしているうちに、あっという間にお金がなくなりました。

インターネットのラジオ局を運営

３〜４年は試行錯誤して、ちょっとはましになってきたかなというタイミングで、**40歳のときに「ホンマルラジオ」というインターネットラジオのフランチャイズを運営することになりました。**

これも人のご縁で「パーソナリティをやりませんか」というお声がかかり、はいはいってラジオに出たのが最初。その番組は、経営者などいろいろなゲストを招いて配信するものでしたが、自分がパーソナリティをやるより、パーソナリティを集めて、みんなでやったほうが楽しいんじゃないかな、そう思うようになり、インターネットのラジオ局を立ち上げました。

「ホンマルラジオ表参道局」という局を構えて、それぞれのパーソナリティが番組をつくっていくということを2年ぐらいやりました。当時、全国のホンマルラジオの中では、登録パーソナリティ数はナンバーワンでした。

ラジオをきっかけに、いろいろな人との新しいご縁が生まれて、とても楽しかったですね。ただ2年やって、もうやり切った、次のことをやろうと、局のオーナー権をいっしょにやっていた仲間にすべて譲渡しました。

そこから、コンサルティング事業を始めるわけですが、ラジオ番組での出会いをきっかけに、今度は**経営者やドクターなど富裕層を対象にした経営コンサルティング**をしようと、今につながる動きをスタートさせました。

いっぽう人材教育ビジネスも形になってきて、多くの素晴らしいリーダーが育ち、自分で動かなくても、年商5～6億円の売上が立つ仕組みができあがったため、42歳のときにＦＩＲＥ《ファイヤ》しました。

ありがたいことに現在は、そこからの収入があるためお金を気にせず、コンサルティングやコーチングといった大好きな仕事をしたり、新たな人脈を築いたり、新たな事業を立ち上げたり、貢献したり、家族と旅行をしたりといった毎日を送っています。

「いいよね、自由そうで」

周りからはよく言われますが、実は私は保険会社の営業マン時代から、こういった形のＦＩＲＥを目指していたのです。

8万人と会って学んだこと

大学卒業後、保険業界に飛び込んだ私は、10代から90代まで約8万人の方々と対面でお会いしました。

保険は大切なものですが、お客様に「ありがとう」と言ってもらえるタイミングは万が一の事態が起きたとき、不幸なときも多いものです。

大黒柱のご主人が病気になって仕事ができない、収入が止まって子どもが大学進学をあきらめた、健康だったけれど年をとってお金がない。あらゆる人の人生模様を見て、前々から準備しておけばこうならなかったのに。保険金を受け取ってもらうことである程度のカバーはできるけれど、**保険金を受け取らない人生のほうが大事**なのではないだろうか。

本気でライフプランをつくったり人生設計を立てたり、長期的にプランニングしていかないと、自分のやりたいこと・誰かにしてあげたいこと・果たしたい責任・世の中への貢献などはできないなと、自分の将来のことも考えながら、そう切実に感じました。

先ほども述べましたが、やはり多くの人が目の前のことに追われて、緊急的に生きていて、失ってから気づくんです。もっと早くからやっておけばよかったって。失ってから気づくのではなく、事が起こる前に準備しておく。病気になる前に健康管理の習慣を身につけたり、人間ドックを受ける。老後に困らないように早めから準備しておく。後回しにしがちだけれど、長期的に大切なことを普段から大切にしていくという、その考えを身につけることこそ本当の勉強だなと思うようになりました。

しかしながら、お金というのは、人生にこんなに色濃く影響するものなのに、お金のことを勉強する機会はほとんどありません。特に日本では、お金のイメージが悪く、あまりお金、お金と言うのはいやらしいというか、はばかられる風潮があります。ドラマや映画でも、たいていお金持ちが悪の存在で、正義の味方が貧乏みたいな（笑）。でも**アメリカは逆。正義の味方がお金持ち**だったりします。

また親の世代、先輩方は、高度成長期に生きてきて、右肩上がりで給料は上がるし金利も高いから、コツコツ頑張って貯金をすれば、お金は増えていった。でも、それはバブルで終わりました。もはや終身雇用でもないし、従来の安心安全や安定はどこかに行ってしまった。いまや投資がリスクなわけではなく、投資を学ばないことがリスクになってしまった。

この数十年間でお金の当たり前が劇的に変化したにもかかわらず、相変わらずお金のことは学校でも教えないので、多くの人がきちんとお金に向き合わないまま、社会人になって結婚、出産、子育て、そして老後を迎えてしまう。

でも長い人生の中では、誰であっても不測の事態は起きるもの。そのときにお金のことを勉強しているのと、していないのとでは、大きな違いがあらわれるのです。

お金のことを勉強しよう。稼ぐだけでなく、資産をつくろう。そして自分が動かなくてもお金が入る仕組みをつくっておこう。私がセミナーやコンサルティングで学び始めたのは、そういう背景もあったのです。

約8万人の人たちと会って、学んだことがもう一つ。

「やりたいことは早いうちにやっておいたほうがいい」ということ。やりたいことをやれず終わった、動けなくなったという人が本当に多かったのです。

後悔しない人生を送るのが大事。でも今すぐ死んだら後悔することって何でしょうか。よく言われていることであり、私も約８万人との対面を通して感じた、人生で後悔することベスト３は、次の通りです。

1
本当にやりたいことをやればよかった
趣味なのか好きなことの追求なのか、それを我慢してやらなかった。

2
チャレンジすればよかった
独立しようと思っていたけれど、しないで終わった。海外に住みたいと思っていたけれど、やっぱりせずに終わった。夢をあきらめなければよかった。

3
プライベートや家族を大事にすればよかった

ふだんは忙しさにかまけて、考えていないけれど、問題が起きて初めて、その大切さに気づいた。

私は、ビジネスで成功している人にも同じような質問をしますが、「1」と「3」は本当によく聞きます。

さらに年配の成功者の方に**「今、20歳に戻ったら、どんな人生を歩みますか？」**と聞いてみると、「今のような人生は歩まない」や「全く違うことをやりたい」と答える方も多いです。

「ここまで会社を大きくなんかせずに、小さくてもいいから手離れのいい事業をして、もっと妻とコミュニケーションを取ればよかった、子育てに参加すればよかった、好きなゴルフをもっとやりたかった」、そうおっしゃる方も多いです。

人生の後半戦、最終コーナーに差し掛かると、ビジネスをもっとやればよかったという声は少ない気がします。

カードはお金の話のきっかけになる

さまざまなお金の勉強をする中で、クレジットカードについて学び始めたのは２０１８年のこと。**もともと営業コンサルティング会社イーエフピーの花田 敬社長のメールマガジンを購読していた**ところ、法人クレジットカード講座があることを知ってすぐに受講しました。

当時、すでに経営者やドクターなどの富裕層向けにコンサルティングを行っていた私は、それをコンテンツの一つとして役立てられると思ったからです。それまでは法人カードのことも知らないし、ポイントやマイルを使って旅行をしたこともありませんでした。

クレジットカードのよいところは、これまで払っていたお金にプラスして支払うわけではなく、払うお金は同じで、ただ払い方を工夫するだけで有効活用できるところ。ポイントが貯まったり、マイルに換えられて旅行に使える。

実際、私がコンサルティングする中でも、これがお金の話の入口にぴったりでした。

「ご家族が要介護状態になったらどうしますか」
「30年後を考えられますか」
「今から相続対策をしましょう」

そう聞かれても、内容が重すぎてピンときません。将来のライフイベントやライフプランから考えて、いつ何にいくらかかるというシミュレーションは、すごく大事なのに、何とかなると楽観的な人もいるし、今の収入の中でやるしかないじゃん、と半分あきらめたような人もいる。

でもカードの払い方を工夫することで、**「年に一回、家族で沖縄に行けますよ」「ビジネスクラスでハワイに行けますよ」**と話すと、みなさん前のめりになって、お金に真剣に向き合います。クレジットカードは身近な存在だからこそ、お金の話の入口に立てるわけです。

57ページでもお話ししたように、お金持ちの最も関心ある分野は旅行です。マイルで旅行しようとしたら、計画的に貯めていかなければいけません。「今年行けなくても、3年貯めたらいけるな」と少し先の未来を考えるようになるので、将来のマネープランにつながりやすい。何より旅行によって人生、仕事が充実してくることは第1章でもお話しした通りです。

また**経営者やドクターなど富裕層の方々は、結果的にクレジットカードの情報を求めている**ことがわかりました。クレジットカードをうまく使うと、手元に残るお金が増える。手残りが増えると、決算書がよくなりますから、金融機関からの借り入れにもプラスになります。

本業は本業でやりつつ、これをもとに不動産を買おうとか、別の事業をやろう、そういった資産構築や経営強化にも舵が切れるのです。

また、特別な体験やラグジュアリーな旅行もしたいと、上級会員への修行のお話しも人気です（笑）。

自信のない自分を変えたい

さまざまな人との出会いも、私のマネーリテラシーを高めることを助けてくれました。特に私に影響を与えてくれたのが、30代はじめのときに出会った尊敬する人生の師匠、**人材教育事業を手掛ける株式会社AWARENESS《アウェアネス》の髙橋敏浩代表です。**

私が養子として育ったことは先述した通り。育ての両親は、血の繋がりがない私に愛情を注いでくれました。**特に母親は本気で関わって育ててくれました。**優しかった父親から深く踏み込まれた記憶はなく、子どもの頃から父親に本気で怒られたことがありませんでした。

そういった生い立ちもあり、20代の頃は自分に自信が持てず、なんとか自信をつけたいと思っていました。また保険の営業マン時代に、お客様から人生設計やお金の相談を受けながら、では自分はどうなんだと振り返ってみると、自分の将来も今の延長だと非常にまずい。おぼろげながら将来は独立や起業をしたほうがいいんだろうなと思ったときに、アウェアネスのセミナーで髙橋代表に出会いました。

「人生で大事なことはアウェアネスから学んだ」

私は今もいろいろなところで言っていますが、アウェアネスのセミナーでは衝撃を受けることがしばしばありました。

なかでも一番印象に残ったのは、仕事で成果を出したり、稼いだりするだけでなく、プライベートとビジネスを両立する考え方、あるいは人生の幸せを大事にしてバランスのとれた生き方を大事にするという価値観です。

当時の私は会社員。年収１０００万円なら成功だなと思っていましたが、**髙橋代表は月収１０００万円以上をほぼ自動で得ていました。**ならば、さぞかしプライベートはないだろうと思っていたら、10年間で１００回の家族旅行を目標設定し、どんなに忙しくても、時間をこじあけて予定を入れていた。お子様が小学生のときは、土日は子どもの予定が入るので、セミナーはすべて平日。完璧に家族を優先していました。

今はお子様も成長されて、ご自身も50歳を超えていますが、そうは全く見えない若々しさと鍛えあげられた肉体で、心身共にパワフルで健康。仕事とプライベート、そのバランスがとにかく圧倒的に良いのです。

それまでの私は何かを手にしたら、何かを失う、という思い込みがありました。仕事ばかりで家族を顧みない。家族仲はいいけれどお金に困っている。ビジネスは成功しているけれど寂しそうで幸せそうではない、そんな人たちをたくさん見てきました。

もちろん**ビジネスとプライベートのバランスがよければ最高**だとわかっていましたが、そんなモデルは、どこにもいませんでした。でも**高橋代表こそビジネスとプライベートを両立させた、幸せでバランスの取れた豊かな経済自由人**だったのです。

理想の父親であり憧れの師匠

髙橋代表はそういったセミナーを開催しながら、プラス国内外のいろいろなところで開いた研修にも招いてくださり、貴重な体験を与えてくださいました。

私にとって**高橋代表は、人生の師匠であり父親のような存在**です。先ほども話した通り、育ての父親は、子どもに踏み込んで関わってくることは少なかったので、厳しくされたり叱られたりといったことはありませんでした。

髙橋代表は、私より8歳年上で、父親という年齢ではありませんが、私は何度か髙橋代表に本気で叱られたことがありました。

当時、私はセミナーの受講生で、立場としてはお客様。参加しなくなるリスクや嫌われるリスクもあるのに、私のために、私のことを本当に想って厳しいことを本気で言ってくれたんだと愛情を感じました。

私は髙橋代表を理想の父親像と重ねていましたし、髙橋代表は憧れる師匠でもありました。

反面、私はこれほど人と本気で関わっていないし、それどころか自分にも本気で向き合っていない。大人になればなるほど、ほどほどでいいんじゃないか、これぐらいでいいんじゃないのと無意識に妥協を選んでいる自分に気がついたのです。

でも**髙橋代表はいつでも本気で生きていて、最良を目指し続けている。**そんな大人っていいな、本当はそっちの方がカッコいいな、そんなふうに思ったのです。

当時の私は、自分の生い立ちのこともあって、すべてにおいて自信がありませんでした。自信がないゆえに消極的で、素直でも正直でもないし、ほどほどでいいと妥協を選ぶ習慣がある。

髙橋代表に何回も何回も指摘してもらい、少しずつ自信のない自分から自分を信じられる自分に変わっていきました。いちばん叩き込まれたのは、愛と感謝、謙虚さ、素直さなど、人としてのあり方です。自信のある人ほど謙虚で、どんな方に対しても感謝をもって頭を下げられる、そういう人が結局、周りから信頼されて、協力したいと思われるんだということがわかってきました。

「幸せの8バランス」とは

どの会社にも〝理念〟はありますが、実際は違うことが多い(笑)。

会社や事業は成功したけれど、社長が毎晩飲み歩いていたり、ゴルフ三昧だったり、それゆえ家族や社員から慕われていないというのは、よくある話です。

幸せの8バランス

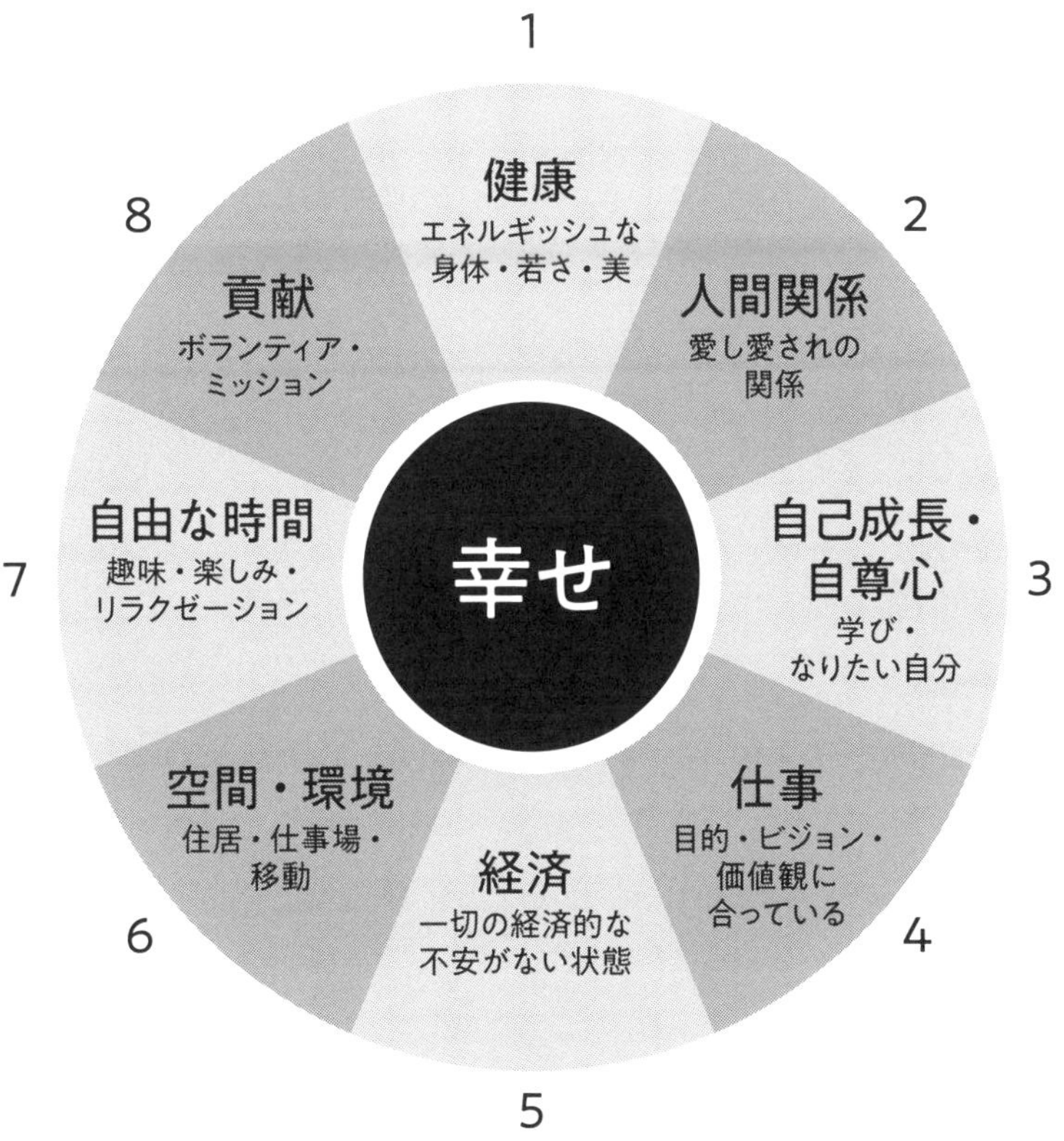

＊出典：株式会社アウェアネス（AWARENESS）

でも髙橋代表は、誰よりも自分に厳しく、周りに慕われている。15年間、そばで見ていて、言行一致なこともわかる。プライベートもビジネスも理想を現実化しているところも敬服しています。

髙橋代表から教わったことで、**最も具体的かつ実践的な考え方は〝幸せの8バランス〟です。**幸せと成功の豊かさを手にするには、最初の〝健康〟から時計回り順にクリアしていくことが大事である。この順番を飛び越しては、バランスが崩れて幸せが遠ざかる。8バランスすべてを順番に繰り返し回し、大切な習慣化をすることで幸せが増幅していくという考え方です。

もちろん仕事や経済で成功することも大事ですが、いちばん大切なのは健康で、心身ともパワフルに生きて、周りの人と仲良く共生すること。

健康や大切な人との関係をおろそかにして、ビジネスの成果を追っても、バランスの取れた真の幸せは手にできないというのがこの8バランスの肝です。

そして予定は、**まずいちばん大切な〝健康〟から入れていきます。**たとえば、規則正しい睡眠や食事、瞑想や心身のメンテナンス、週に数回の運動や筋トレ、1カ月に一回は歯のクリーニング、1年に一回は人間ドック、といった具合で、1週間、1カ月、1年単位で予定を決めていくのです。

次に〝人間関係〟の予定を入れる。旅行やイベント、家族の予定や親孝行などもここに入ってきます。

その次が〝自己成長・自尊心〟ですから、自分を高めるセミナーや勉強会などの予定を入れる。そのあとに、ようやく〝仕事〟がきます。

多くの人が仕事を最優先事項とし、健康や人間関係、学びをおろそかにしがちですが、優先順位は逆。きっちり仕事にたどりつくためにも、毎日の15分間を大切にする。15分を使って、筋トレする、大切な人に手紙を書いたり連絡する、専門的な勉強をする、など。

たかが15分と思いがちですが、これを1年、2年、3年と続ければ、必ずひとつの結果が出ます。そう考えると、**10年後にどうなりたいか長期的に考えると、今何をすべきかはおのずとわかってくる**わけです。

私自身、この考え方を教わって、自分を洗脳し直すように、これまでのパターンをアンインストールして、新たにインストールするような気持ちで、日々実践にチャレンジしています。しかし、なかなか習慣にまで落とし込むのは難しいもの。いまだにまだまだだと思いますが、20%ぐらいはできるようになってきたかなと思っています。

緊急でないけれど重要なことをやろう

また8バランスに通じる髙橋代表からの学びで、私の人生の軸になっているのが、**ビジネス書の名著『7つの習慣』の「時間管理のマトリックス」と同様の時間の考え方です。**

第1象限、第2象限、第3象限、第4象限とあって、重要で緊急な第1象限のことは、ほとんどの人がやりますが、大事だけれど緊急ではない第2象限のことは、あと回しにしがち。第2象限に、親孝行や健康管理、家族との予定など、重要だけれど緊急ではないことが入ってきますが、それよりもトラブルや締め切り、目先の売上をあげるなど第1象限のことに追われる人が多いのです。

第1象限に属することがつづくと、やはり病んでしまう。心身が疲弊してしまうのです。第1象限に属することが減らないのは、第2象限に属することが少ないから。緊急性で生きている人は、第2象限をほとんど優先しません。

でも今はよくても、将来のことを考えると、今から第2象限のことを増やしておくことは重要です。「旅行を入れる」というのも、まさにここ。いつかしたいと思っているけれど、なかなかやらない。でも**よい思い出は、いつまでも大きな喜びとして人生を支えてくれます。**

ビジネスもそうです。企業は新卒社員を採用すると、生産性という面では3年ぐらいは赤字です。でも10年後、20年後を見据えて育てていけば、未来には立派な戦力になるでしょう。でも育てることをサボると、戦力にならない。そもそも新卒社員に継続して働いてもらわなければなりませんので、そうすると日々の関係づくりも大事になるということです。

とにかく今、種をまけば、将来必ず花が咲きますし、種まきをサボれば花は咲きません。だから第2象限にもっと目を向けて今、種をまく。第2象限を優先させれば、必ず未来は拡大しますから。

私は42歳のときにFIREしましたが、私の場合、単なる早期リタイヤではなく、やりたいことをやるFIRE。これをFIRE2・0と呼んでいますが、**FIRE2・0で大切にしている考え方が、やはりバランスです。**

「アリとキリギリス」の話にたとえると、キリギリスのように遊んで暮らしていると、あとから苦労するし、だからといってアリのようにコツコツ頑張って我慢して人生が終わるのも考えもの。だから両方をバランスよく備えた「アリギリス」ぐらいがちょうどいい。

未来のことも考えるけれど、今も楽しむ。この考え方は、私のクレジットカード講座のベースにもなっています。単に頑張って働くだけでなく、ポイントやマイルを賢く使って旅行して、人生を楽しもうよ。大切な人との楽しい思い出をたくさん増やそうよと。

成功者の時間の使い方

＊出典：株式会社アウェアネス（AWARENESS）

緊急である ← 緊急度 ― 緊急でない

重要である ↑ 重要度 ― 重要でない

第1象限　20％以下

□危機・切羽つまった問題
□一夜漬け（宿題、テストなど）
□クレーム処理
□突発的なトラブル
□今日じゅうの締め切り
□危機、災害（ウイルス、地震など）
□病気、借金などの対応
□赤ちゃんが泣く
□食事をとる
□ガソリンがなくなる
□今日生きるために必要な行動

第2象限　65～80％

□自己投資
□事業・人脈投資
□金融資産投資
□8バランス拡大
□思い出づくり

ここに投資する!

第3象限　15％以下

□人からの頼まれごと
□不必要な報告書
□突然の来客
□人の突発的な悩み相談
□だらだらと終わらない悩み相談
□目的のない友だちとの遊び
□不必要な中断
□重要でないSNS、メール、電話
□おつき合いの遊び、飲み会など
□目的のないミーティング
□目的のない会食

第4象限　1％以下

□目的のないネットサーフィン
□見せかけの仕事
□家でゴロゴロしている
□食べ過ぎ、飲み過ぎ、寝過ぎ
□役に立たない一切の活動
□うわさ話やマイナスの解釈に振り回される
□目的・目標から関係ないすべての行動
□自動的なSNS閲覧
□浪費するような買い物
□目的のない動画・テレビ鑑賞

第2象限を優先する！

実の両親と初対面を果たす

髙橋代表のもとで学び始めて5年経った36歳のとき、私はファイナンシャルプランナー兼コンサルタントとして独立起業しました。

独立しても当然うまくいくことばかりではなく、経済的にしんどくなる時期もありました。そのときは、もう必死。目の前にお金がぶら下がっていたら、それに飛びつかないと生きていけない、食えないという状況。相手のことより自分のことが優先。でも、そこで髙橋代表から**「目先の短期的な利益やお金を優先するなよ」**と言われて、何とか踏ん張れました。

極限までお金がない当時でしたが、今、それを信じて心の底からよかったと思います。目先のお金でなく、長期的な観点で着実に種まきし、ビジネスや関係性をつくるというやり方が叩き込まれて、それが今の経済状況の土台になったからです。そのおかげで、私の仕事も人生も好転していきました。

あるとき大阪で行われた髙橋代表の研修を受けて、帰りのホームで新幹線を待っていたときのこと。自分の中からエネルギーが湧いてきて「ちょうど40歳になったし、今までやってきて少しは上向いてきたけれど、まだ余力を残しているな、もっと本気でやろう」と決意したのです。

その後、新幹線に乗って、**ふとスマートフォンを見ると、Facebookに私を産んだ母の知り合いという人からメッセージが届いていました。**衝撃でした。

その方は韓国人の女性。「日本に来て、あなたのお母さんにお世話になっています。日本のお母さんのような人なんです。あなたのお母さんに、いろいろな話を聞いて、あなたのお母さんとあなたはもう会ってもいいと思ったので、私の独断であなたにメッセージを送りました」と。

最初は半信半疑でしたが、やりとりするうちに99％間違いないということになって、まず私はその韓国人の方と二人で会いました。

そのときに実母がどこに住んでいて、どういう仕事をして、どんなふうに生きてきたのか、といったことを聞かせてもらい、その後三人で会い、実母と初対面を果たしました。

感動の対面になるのかなと思いましたが、意外とそういう感じでもなく、お互いに冷静でした。実母は、やはり申し訳ない、迷惑をかけないようにしたいというスタンス。顔や雰囲気は私に似ているところもあるけれど、どちらかというと私の息子に似ている。うちの息子が実母に似ているというのは、ちょっとうれしい驚きでした。

実母は、ずっと東京に住んでいて、結婚もせず、一人で働いてきた人でした。今はリタイヤして、絵を描いたりして、穏やかに暮らしているようでした。

私自身、ずっと自信がなくて、どうにかやってきて、それがもう一度、本気でやろうと気合いを入れなおしたときに、実母と会った。自分の中で、確実に何かが変わりました。

それまで実母に対しては、頭では「産んでくれただけでも感謝だろう」と考えて、自分に言い聞かせていましたが、深いところでは「なんで産んだんだよ、どうせ俺なんて」というのが刻み込まれていました。でも対面してからは、そういう反発心やわだかまりが、すべて溶けました。

実母と会った一年後、今度は実父に会いました。実母に会ったときに父親の40年前の写真をもらい、名前も聞きましたが、そこから会いにいこうと決心するまで、一年という時間を要したのです。

でも一年経って、思い立ってインターネットで検索したら、意外にあっさりと出てきました。どうやら東京都心で不動産会社をやっているらしい。でも一人で子どもを産んでいる実母に対し、実父はもともと家庭があったので、ある意味、全く違う人生を生きている人。

実父にとって私は招かれざる客で、求められていない可能性もある。状況はわからないけれど、とにかく会ってみよう。勇気を振り絞って、実父の会社の近くまで行き、そばにあったベンチに腰掛けて、会社を見ながら電話をかけたのです。

こちらから名乗り、「わかりますか?」と聞くと、電話に出た相手はわかると言います。実父でした。すぐに会社に招かれて、そこで話をしました。私の中では、実母と会って、その後に実父と会って、**これでようやく自分のルーツとなるパーツが、すべて揃った**という気持ちがありました。

実父と実母は、もともと同じ名字でした。それを知ったのは20代の頃、パスポートを取得するために戸籍を取り寄せたとき。

名字が同じと知って私が思ったのが、結婚していない二人から私が生まれて、実父は認知したけれど、実母は育てない選択をして、私を養子に出した。そのあとに、この二人は結婚した。息子を手放した瞬間に結婚したんだと。なんだ、俺はただの邪魔者だったんじゃないかということ。でも、それは違っていたことが二人に会って初めてわかったのです。

そこから霧が晴れたような気持ちになりました。実の両親に会って、自分は二人から愛されている。そして育ての両親からも愛されている。二組の両親がいることがありがたく思えるようになったのです。

そんなふうに実父と会った直後に、今の妻と出会ったのは、滞っていた感情や流れがよくなったからでしょうね。

今思うと、大阪での研修をきっかけに、自分が変わりたい、もう一段ステージアップしたい、そう決意したときから自分の中で吹っ切れたような思いがあったのです。セミナーの中でも、そういうメッセージがあったように記憶していますし、引き寄せというのは本当にあるんだなと。**そこから人間関係やビジネス、お金、エネルギーが、すべてが循環し始めました。**

このことがきっかけで実父と実母は、何十年かぶりに再会したそうです。実父とは2回目に会ったときは飲みに行きましたし、実母とはたまに交流しています。

カードで家族関係や人生が変わる

私のようなストーリーはまれとはいえ、誰の人生であっても大なり小なり、何かが滞って、うまく循環していかないことはあるのではないでしょうか。ちょっとよどんでいるな、と思っていても、何かきっかけがないと、その滞りが何なのか、人間関係かお金、将来のことなのか、そういったことについて、じっくり考えることがありません。

でも、その考えるきっかけの一つとなるのが、クレジットカードだと私は思うのです。

経営者やドクターがクレジットカードをうまく活用したことで、ビジネスもプライベートも劇的に良くなったという話は、枚挙にいとまがありません。

トップが現場そっちのけで、ゴルフや飲み会三昧で、部下からの信頼がない。しかし法人カードを導入して、社員旅行や表彰旅行などを従業員といっしょに楽しむようにしたり、従業員の家族に旅行をプレゼントしてあげたら、部下から慕われるようになった。

あるいは、**個人カードを活用して、会話もなかったような夫婦関係が変わった。**家族が仲良くなったという人も多いです。

家族との関係性が良くなれば、家族が良き理解者、協力者、支援者になって、その結果、プライベートを大切にしながら、ビジネスで圧倒的な成果を出すバランス経営が実現できます。

従業員も、ただ頑張れと言われても頑張れません。それよりは「奥さんは元気か？」「家族を大切にできてるか？」と言われた方が頑張れるのではないでしょうか。

大切な人を大切にしているか。大切な人の大切な人を大切にしているか。ということとです。

プライベート旅行であっても、海外の一流ホテルに泊まると、一流の空間で一流のサービスを受けられるので、自分のエネルギーやお金を稼ごうというモチベーションが高まります。

また海外のいろいろなところを見れば見るほど、ビジネスチャンスと出合う確率も高まりますし、人口が増えてビジネスが伸びているところに行くと、新たなアイデアやビジネス拡大に直結します。

カードを活用して、ビジネスもプライベートも拡大していった方のお話は、第３章でご紹介しましょう。

私のビジネスに影響を与えた二人

髙橋代表の他に、私の人生観や仕事観に影響を与えてくれた方が二人います。

一人はラーニングエッジ株式会社代表の清水康一朗社長です。 理念と経済合理性を両立させる経営である『絆徳経営』を提唱され、書籍やスクールを通して世の中に発信されています。ラーニングエッジは、人材教育の会社として、マーケティングや会社経営を教える一方、国内外の著名な方、たとえば『金持ち父さん 貧乏父さん』シリーズの著者、ロバート・キヨサキ氏や、世界№1コーチと呼ばれるアンソニー・ロビンズ氏を日本に招き、セミナーをプロデュースしています。

日本ではまだ知られていない海外のよいものを導入し、みんなに知ってもらおうという価値観に私は共感し、5年ほど前からマーケティングを体系的に学ばせてもらっています。最近、私がビジネスで意識している〝コラボ〟という考え方も、ここでの学びによるところが大きいですね。

今やどこの企業も、業種をこえてコラボしています。もはや一社でやるのではなく、同業他社、ライバル会社とも手を組む時代で、敵対するよりお互いにウィンウィンになるようにする。ですから私の法人クレジットカード講座も、大手のカード会社が主催し、リストホルダー会社が人を集め、講師は私といった3社によるコラボという形で実現しているわけです。

清水社長も、教育会社を運営されていますが、教育会社というのは、とかく人材を囲い込みがち。自社の社員やお客様に他の会社に行くなとけん制する会社が多い中、清水社長の方針は真逆。髙橋代表もそうですが、そんなに小さいことを言わず、どこに行って学ぶのも自由、そっちがいいと言われたら、それはこちらの魅力が未熟だからだよね、という考え方。**とにかく器が大きい方たちであることも大好きで尊敬する理由**です。

もう一人、私が影響を受けたのは、そもそも**私に法人クレジットカードについて教えてくださったイーエフピー株式会社の花田 敬社長**です。

花田社長は、もともとご自身も保険のトップセールス出身。マーケティングを追求しているうちに、やがて保険営業の方メインにマーケティングを教えるようになりました。

保険業界でトップセールスをおさめている人は、たいてい花田社長のところで学んでいて、**花田社長はいわば〝トップセールス養成請負人〟**といったところです。といいながら、花田社長ご自身は、トップセールスマンにありがちなギラギラ感は全くなく、物腰がやわらかく穏やかな人柄。大学の講師もされているので、セールスマンというより、教育者といった雰囲気です。大学ではマーケティングやセールスプロセス、ビジネスアイデアなどを教えています。

実は、**花田社長自身が相当なクレジットカードマニア**で、好きで研究していたら、仲のいい経営者やドクターから、「どうやってマイルを貯めればいいんだ」「どんなカードを選べばいいのか」なんて、いろいろ聞かれるようになったとか。あまりに聞かれるので、最終的にコンテンツとしてまとめたのが『法人クレカ・マイルプロジェクト』という講座なのです。

私は8年ほど前から花田社長のメールマガジンを購読していましたが、セールスマンなのに売り込みを一切感じない文章。読んでいると、自然と興味を持つし、行ってみよう、会ってみたいなと思ってしまう。

数年メルマガを読んでいた中で届いたのが、法人クレカ・マイルプロジェクトの案内でした。私自身、ちょうどコンサルティングのクライアントに何か付加価値を提供できないかなと思っていたタイミング。これから日本もキャッシュレスに向かっていくし、アナログからデジタルに移っていくことがわかっていたので、これはもう**クライアントにプラスで非常にいいコンテンツを提供できるな**と直感しました。

そこで、さっそくオープンしたての法人クレカ・マイルプロジェクトの体験セミナーを受けました。顧客心理を理解したうえで、マーケティング理論が展開されている、体験セミナーを受けただけで、それがわかりました。私はすぐに本セミナーの受講も決めました。２０１８年のことでした。

私は0期生でしたが、年々、法人クレカ・マイルプロジェクト受講生は増えていき、花田社長は、私たちのようなクレジットカードについて学んだ人たちが、法人クレジットカードの専門家として活動できるように、**一般社団法人クレジットカード相談士協会を設立**してくれました。全国に支部を設置し、私は青山第一支部の代表として活動しています。

最初に花田社長の法人クレカ・マイルプロジェクトを受けたのが2018年でしたが、2022年には再受講という形で年間コンサルティングを受けました。月に一回、法人クレジットカードを使った考え方、ビジネスアイデア、マーケティングの展開の仕方などを、マンツーマンで教えていただきました。

花田社長から教わったことの中で、最も印象に残っているのが、やはりコラボや提携の考え方です。つまり自社だけでやらない。集客する人、話す人がいて、関係各位でウィンをつくる考え方です。その他、自然とお客様が集まりたくなる仕組みづくりなど、いろいろなアイデアをいただきました。

大学の講義でお話しさせていただく機会も花田社長のおかげです。

私はこの本でも最初から「旅行のニーズは高い」という話をしていますが、やはりこちらが何かをやりたいというより、**世の中のニーズやお客様の声を拾っていく**、そこから事業展開していくという重要性を改めて学びました。

ビジネスというのは、うまくいかないと、とかく独りよがりになりがち。そんなときに清水社長や花田社長は私にとって、初心に戻らせてくれる貴重な存在なのです。

第３章

クレジットカードで人生が変わった人たち

パートナーと二人三脚で
マイルを貯めて
3年で0円旅行を
30回実現！

藤崎 瞳さん
東京都在住・30代・女性
会社経営

ファイナンス系のコンサルティング会社を経営しながら、著者の秘書や単発でプロジェクトマネージャー業務などを務める。旅行はパートナーと二人で行くことが多い。

マイルの価値の違いに衝撃！

三浦さんのクレジットカード講座を受講する前は、ショッピングや旅行は一般的な個人カードを使っていました。受講当時、私は会社員でしたが、会社員でもプラチナ・カード（個人カード）がつくれることを聞いて、試しにつくってみたのが2019年のことです。

その後、三浦さんの秘書になり、クレジットカード講座をいっしょにつくることになりましたが、改めてそのプラチナ・カードの威力に気がつきました。もともとカードについて何か悩みがあったわけではありませんが、そんなことができるなんて知らなかったという感じ。目からうろこでしたね。

いちばん驚いたのは、マイルの化け方です。たとえばそれまで使っていたカードは100円で1ポイント貯まり、1ポイントは1円相当で使える、1％還元という一般的なものでしたが、三浦さんのノウハウだと、ポイントと金額がイコールにならない。

マイルを使うと、3万ポイントだからといって、3万円になるわけではない。そのポイントの価値の違いに衝撃を受けたのです。

そこから合計3枚の個人カードを所有することになりました。

三浦さんの講座をいっしょに受けた、私のパートナーも個人カードを2枚、さらに法人カードを1枚つくりました。

初めてのマイル旅行はバリ島

二人とも、もともと旅行好きで、ポイントやマイルを貯める方法を調べ始めると面白くて、どんどんはまっていきました。

そのおかげで2カ月後には、二人で3泊4日のバリ島旅行へ。一人5万8000マイルで、プレミアムエコノミーで往復できるし、ホテルのポイントでスイートルームに無料で泊まれるし、「何これ!?」という感じで、すっかり味をしめました。

その半年後に、パートナーはお母さんとビジネスクラスでフランス→カナダ→アメリカ西海岸→ハワイの2週間世界一周旅行を実現しました。

さらに彼は航空会社の上級会員を目指し、私はホテルの上級会員を目指し、それぞれがその会員資格を獲得し、二人でいっしょに旅行すると、**同行者として認定されて恩恵に預かることができる仕組みをつくりました。**

そこからはマイルを使って、中国の深セン、ハワイ、沖縄、北海道、京都といろいろなところに行きました。コロナ禍直前にパートナーが大阪に転勤になり、遠距離になってしまったので、月に1回はマイルで大阪へ。

先日は久しぶりの海外ということで、マレーシアに行きましたが、パートナーと協力し合えるのは大きいと改めて実感しました。

キャンペーンを狙ってザクザク貯める

効率的にポイント、マイルを貯めるには、まずキャンペーンを狙うことです。たとえば、**カードによっては「3カ月で150万円使うと、10万ポイントプレゼント」**というキャンペーンがありますので、なるべくそこに支出を集中させる。

反対にいうと、その時期までに買い物せず、キャンペーンのタイミングが来るのを待つのです。

法人の場合、仕入れも納税も、うまくキャンペーンに合わせられると理想的ではないでしょうか。新規カード発行のタイミングでも、たいてい行われているので見逃さないようにしたいですね。

キャンペーンには「カードで3万円使うと、1万円戻る」というものもあり、私も活用したことがあります。たまたま旅行に行こうと思っていたところに、このキャンペーンが始まり「よし！」となって。

具体的には、ホテルはポイント、食事代3万円はカードで支払い、1万円が戻りました。結果的に、2泊で2万円の出費でした。

また新しくできたホテルは、少ないポイントで泊まることができます。

少ないポイントで予約した部屋も、たまたま私の誕生日が近いことを伝えたら、スイートにアップグレードされたことがあります。

その他、デザートやケーキなど、至れり尽くせりのサービスがあり、誕生日というのは伝えておくと、ありがたいことが多いですね。

やはりポイントを貯めるには、まめな情報取集が欠かせません。キャンペーン情報はホームページに載っていることもありますし、**カード会社の営業担当の方や実際に使いこんでいる人**から聞くこともあります。

ブログは千差万別ですが、わかりやすくまとめてあるブログを見つけたら、そのブログの情報を追いかけていく。とにかく何でもかんでも自分で調べてみることが大切です。

仕入れや経費の支払いのある年商何億といった経営者ならともかく、そうでなければ手や頭を動かして、ポイントを稼ぐしかありません。

マイルを貯めれば、どこでも行ける！

まめに情報収集し、キャンペーンで貯められるところはきっちり貯める、とやっていけばカードや情報が変わってもついていけるな。最近になってようやく、そんな勘所がつかめた気がします。

ポイントを貯めれば、どこにでも行けるし、どこにでも泊まれる。一泊20万円するホテルも気軽に選択できるようになりました。旅行に対するブロックが、完全にはずれたようです。

先日、マリオットホテルグループのアプリで確認したところ、私のホテル宿泊は、5年間で199泊！　マリオットグループは、いろいろなグレードのホテルがあり、お気に入りのホテルのある人が多いですが、私たちの場合は、ファミリー層が行くところから、いわゆるラグジュアリー系のところまで、いろいろなホテルを試して楽しんでいます。

旅行するほど売上がアップ⁉

さすがに、それだけ旅行していると、周りからはフットワークの軽い人と見られて「何やっているの？」と、よく聞かれます。

でも三浦さんがよく言っているように、**旅行の予定を先に入れると、仕事の能率が上がる**というのは事実です。

先月はマレーシアのランカウイに5日間、鹿児島に4日間、と1カ月のうち10日間ぐらい仕事のできない予定でしたので、その合間に仕事を絶対に終わらせようと集中したら、終わっただけでなく売上も最高額に！　旅行をすると、リフレッシュされるので、旅行後は集中力が高まったのかもしれません。

ちなみに当社は、スタートアップ企業を中心にファイナンス相談を行っていて、若い起業家たちからも、ビジネスの視察でいろいろなところに行きたいという声を多く聞きます。そこで、クレジットカードでお金を使わずに旅行する方法をアドバイスすると喜ばれますね。

プライベートでは、母を旅行に連れ出して、母がすごく元気になりました。母は昔は旅行が好きだったのに、最近は「体力に自信がなくなった」なんて言い出して、全くいっしょに出かけなくなってしまいました。

誘っても**「私と旅行するお金があるなら、貯金しておきなさい」**って。0円だからと言っても、なかなかのってきません。でも私が、あちこち行っているのが、だんだん伝わり、試しに誘ってみたら、やっとのってくれて、まず大阪に行きました。

泊まったのは、リッツカールトン大阪の35階。母は、その景色にすごく感動して、窓辺にずっと立って眺めていて、本当は高いところが好きなんだなと改めて知りました。自然の多いところでのんびりするのもいいですが、都会の思いっきりラグジュアリーなところで、見たこともない景色を見せてあげるのも案外いいなと思いましたね。

そこから母のフットワークがすごく軽くなり先日、故郷の鹿児島に帰ったときは、できたばかりのシェラトンのスイートを予約し、友人と会うのに使ってもらいました。そういう思い出づくりを手伝えたのは、すごくよかったですね。

やはり０円というのが、いいのです。子どもが親を誘うと、親は遠慮するけれど、ポイントで０円だよっていうと「あら、そう!?」って。こちらも誘いやすいし、親も気兼ねがない。これが実際にかかっていたら、けっこう頑張った感が出て、まあまあしんどいですよね。

台風でマイルの席はなくなったけれど……

失敗といえば、マイルを失効したことでしょうか。２年前、宮古島への期間限定便をマイルで予約していましたが、台風で欠航になったんです。そこでマイルも変更すればよかったのに、し損ねて失効してしまいました。

また、これも台風の話です。成田からハワイへ飛ぼうというときに、台風直撃で欠航になってしまいました。翌日はみんなが流れ込んでいるので、マイルの席がありません。そこで**アメックスに電話して相談したところ、マイルの席はないけれど、すぐに別の席をおさえてくださいました。**行きの便のマイルは戻ってきてました。

これもプラチナ・カードのコンシェルジュサービスのおかげです。臨機応変に対応していただけて、本当に助かりました。ちなみに、このコンシェルジュサービスは、こういう対応だけでなく、旅行のプランニングもお願いできます。何泊でこのあたりにいきたいと伝えると、いろいろ提案していただけて、なかなかありがたい存在です。

今後の夢は、世界一周です。いきたい国は、いろいろあります。ヨーロッパで世界遺産巡り、アメリカで大リーグ観戦、それからリオのカーニバルやスペインのトマト祭りなど、世界のイベントも生で見てみたいですね。

開業時の備品購入で
カード支払い。
大量マイルを獲得！

N 社長さん

埼玉県在住・30代・男性

会社経営

会社員を経て起業。2018 年に１号店となる美容室を県内に開き、2022 年に２号店を開店。今後も引き続き店舗を増やしていく予定。妻と二人家族。

カードは年会費が安いものがいい⁉

三浦さんのクレジットカード講座を受講したのは、約一年前。法人にして一年経ったころで、支払いもそこそこあるので、法人カードを活用しないともったいない。しっかり勉強して活用していきたいと思ったのが、受講のきっかけです。

実は今までも法人カードは持っていましたが、年会費がほとんどかからないものでした。個人カードについても、ゴールドだけど年会費2000～3000円のもの。とにかく年会費が安く、固定費がかからないものを、という選び方をしていたのです。

講座を受講してからは、**年会費を払っても、その分活用すれば、かなり有意義に使えることがわかりました。**そこで私は法人カード2枚を新たに作成。個人カードは1枚つくりました。

カード会員だけのコミュニティは格別

現在、美容室を2店舗経営していますが、美容室というのは、スタイリング剤やカラー剤などの消耗品のほか、ドライヤーやアイロンといった機器など、仕入れが多いんです。自社でも使いながら、同じものをお客様にも販売しています。

そういった仕入れの支払いについては、これまでは振り込みか引き落としがメインでしたが、法人カードをつくってからは、なるべくカードを利用できる業者を探したり、またアメックスの営業担当の方に、カードを利用できるディーラーを紹介してもらったりして、カード払いに移行していきました。

2店舗を出店したときは、シャンプー台や椅子など高額な備品をすべてカード払いできたので、かなりポイントが貯まりました。その支払いもキャンペーンに合わせたので、予想以上にポイントが獲得できました。カード払いは、仕入れ以外に納税にも利用しています。

とはいえ法人カードの1枚は、ポイントのつき具合が変わらないので、年会費を下げるためにランクを下げました。

一方、もう1枚のものは年会費22万円と、けっこう高額ですが、**そのカードを持っている人だけのコミュニティに参加できる**のが、何よりも魅力。ポイントで22万円分回収できていなければ、それってマイナス？　と思いがちですが、月一回のコミュニティで、いろいろなビジネスをされている方と会えるのは、単純にポイント回収だけではない部分があります。

実際、このコミュニティで、エステ機器を販売されている社長さんと出会い、今はそこの機器を仕入れて、ヘアだけでなくエステも始めました。客単価がアップしたので、カードの価値は十分にあったのかなと思っています。

カード払いでキャッシュに余裕が持てるように

貯まったポイントはマイルにかえて、出張や視察に行く際に使っています。といっても私が飛行機を利用し始めたのは、クレジットカードを学んでから。それまでは飛行機は高額で、手続きが面倒くさいというイメージがあったため、車移動がほとんどでした。

でもマイルで飛行機に乗るようになって、タダで乗れるだけでなく、車の運転より、はるかに身体が楽だし、**飛行機に乗っている間の時間も有効に使える**ことがわかりました。そういう発見があったのは、すごくよかったですね。

プライベートでも**個人カードで貯まったマイルを使って、夫婦でよく遠出**をするようになりました。この2年ぐらいで、沖縄には3回、つい先日も北海道に行ってきました。

航空券代はかからないので、その分、宿泊代や食事代に回すことができて、今までの半額ぐらいで、グレードの高い旅行ができているのはうれしいですね。

ただプライベート旅行でも、ビジネスのことは忘れないビジネス脳になっているので、沖縄に行けば沖縄の美容室ってどういう感じなのかな、沖縄の店を関東に持ってきてもいいなとか、そういうアイデアもどんどんわいてきます。

法人カードをつくってから、実際に業績も伸びています。やはりポイントで経費をまかなえるので、キャッシュが残るのは大きい。仕入れ分の請求は翌月きますが、カード払いなら支払いがさらに1カ月先になるので、仕入れてから2カ月後に支払えばいい。これはかなり楽です。

美容室というのは現金商売なので、基本的にその日に現金でもらえるか、カード払いでも10日後には入ってきます。となると仕入れの支払いより、先に利益があるので、きちんと回転していれば、お客さんが来ない以外はつぶれる可能性は低い。だからこそ**支払いを遅らせることができるのは経営者からすると、すごく安心できる**のです。

マイルを使えるなら海外展開もあり

飛行機でいろいろなところに行くようになったのは、クレジットカードを学んだおかげ。反対に学んでいなかったら、たぶんそんなに行こうとは思わなかったでしょうね。移動するメンタルブロックが完全にはずれました。

実は今度、マレーシアに視察を兼ねた出張に行く予定です。すでに出店している経営者の知り合いと一緒に行きますが、もしかしたら当社も海外展開するかもしれない。今までは全くイメージしていませんでしたが、ポイント、マイルがあれば海外にもキャッシュを使わず行けるので、ハードルが下がっています。ビジネスの発展する幅も変わってくるのかなと思います。

こんなふうにクレジットカードを活用し、あちこち行っているとSNSを見てくれた人から「出張にすごく行っていらっしゃいますよね」「カードにくわしいですね」といったコメントがあるんです。〝カードを知っている人〟と認識してもらえています。それで「カードについて教えてください」「いっしょにビジネスをやりましょう」といった次の展開につながることも多いので、クレジットカードは自分のことを周りに覚えてもらうツールであると同時に、コミュニケーションツールとしても役立っているなと、つくづく感じます。

クレジットカードに興味があっても「どこで学べばいいの？」と言われることがあります。クレジットカードについて解説しているＹｏｕＴｕｂｅチャンネルなどもありますが、一部分を解説しているだけで、大枠をとらえて解説しているものが、なかなか見当たりません。その点、三浦さんの講座なら大枠から学べるので、興味を持っている人にはおつなぎしています。

カードをつくる目的を明確にして

これから法人カードをつくるなら、カードをつくる目的を明確にすることが大切だと思います。先ほどもお伝えしたように私の場合、ラグジュアリーカードの目的は、ポイント回収よりコミュニティなので、年会費22万円は私にとってはＯＫなのです。

ですから何のためにそのカードをつくりたいのか、マイルを貯めたいのか、特典を享受したいのか、そこをはっきりさせたほうがいいと思います。とりあえずオトクだからとつくると、何がオトクなのかわからないまま終わってしまいます。

今後は個人カードで、もっとポイントを貯めて〝夫婦０円海外旅行〟を実現したいなと思っています。

寝るだけだったホテルが
マイルのおかげで
リラックスできる
極上の場所に

Tさん
大阪府在住・50代・女性
会社経営

家業の理容ハサミメーカーを夫婦で営む。夫が代表取締役、自身は役員兼経理担当。他にも、自身が代表取締役を務める不動産会社がある。夫婦二人暮らし。

夫をくつろげるホテルに連れていきたい

コロナ禍前、三浦さんのビジネス関連の勉強会がきっかけで、クレジットカード講座をご案内いただきました。クレジットカードにも興味があったので、二つ返事で受講することに。

私がいちばん初めにカードをつくったのは学生の頃、海外旅行に行くとき。そのあとは銀行系や小売系などのカードを、何かのきっかけでつくり、それがどんどん増えてポイントも分散していって、と取拾がつかなくなってしまって。個人カードは、全部で8枚ぐらいありました。

何か目的を持ってポイントを貯めるということは、全くしていませんでしたから、三浦さんの講座で**「ポイントをマイルにかえて旅行する」**と聞いて、そういう手があったのかって、ひざを打つ思いでした！

夫も私も出張のときは「ホテルは寝るだけだから安くていい」という考えでしたが、講座を受講してからは、出張のホテルもきちんと選ぼう、そしてプライベートでも、ふだん忙しくしている夫のために、ゆっくりくつろげるホテルに連れて行ってあげたいという思いが浮かびました。

そこからカードを見直し、法人カードは1枚、個人カードは2枚つくりました。**法人カードをつくったのは、ポイントが貯まりやすいのが決め手。**どちらかというと夫はJAL派で、夫が「JALダイナースカード」を持っていましたが、行く場所を考えたらANAも持っていたほうがいいか、とANAのカードもつくったのです。

ANAカードをつくれば、ポイントを移行できて、使い勝手がよいということでホテル宿泊に有利なカードもつくりました。

法人カードで経理作業が断然ラクに

法人カードは「紹介ポイントが貯まりやすい」と聞いていましたが、なかなかうまく紹介できず、個人カードばかり使っていたことや、法人の支出入は夫の個人JALカードを使っていたこともあって、私にとってはあまりメリットが感じられず、1、

2年で解約してしまいました。

そのころ、ちょうどダイナースの法人カードがつくれるようになったので、JALダイナースカードを法人カードに切りかえ、法人関連はそちらを利用して、ポイントを貯めることにしました。

法人カードのよいところは、やはり納税に利用できるところ。カードで納税すると手数料がかかりますが、金融機関で納税するときのような待ち時間がなく、いつでもできるのはすごく助かっています。

また経費の支払いにも便利です。タクシーの代金やETCの利用料も、すべて法人カードにオンラインで紐づけているので、経理の作業が格段にラクになりました。領収書の金額を一つひとつ入力して、という作業が省けるし、正確で時間短縮にもなって、いいことずくめです。

プライベートで使っている個人カードのいいところは、何といってもポイントが貯まりやすいところ。特にホテルに宿泊すると、貯まり具合が、ケタ違いです。

ちょっといいホテルに泊まって、温泉に入って、部屋でくつろいで、今まではただ寝るだけの場所だったホテルが、心からリラックスできる場所に変わりました。夫は、いいホテルに泊まると「心身ともに充電できて仕事のモチベーションが上がる」とよく言っていますが、それだけでなく接客や営業についても「学ぶことが多い」って。サービスを受けて「なるほどなぁ」なんて、よく感心しています。

こういうホテルには、夫婦二人で泊まることもありますし、両親や友人といっしょに泊まったり、ときには一人で行ってゆっくりすることもあります。**そんな楽しみ方を知ってから、すごく人生や人間関係が豊かになってきました。**

特に両親は高齢になると家から出るのが、だんだんおっくうになってきていますが、ホテルに連れ出すと、すごく喜んでくれます。滞在中に、たまたま電話がかかってきた友人に「娘がすごくいいホテルに連れてきてくれているの」なんて話しているのを聞いて、こちらもうれしくなりました。

元気なうちにもっと連れ出して、いろいろいっしょに楽しみたいと思っています。

そういう親孝行に活用できるようになったことも、今までのカードの使い方と違うところです。

ポイントを貯めるには、カードをなるべく一つにまとめるのがコツ。そして、多少自腹でもキャンペーンをうまく利用して、ポイントを多く獲得する工夫は必要かなと思います。

年末年始もお気に入りのホテルで

先日、夫婦で泊まったホテルは、仕事上のつながりのあった美容師さんが、ホテルマンとしていらっしゃるところでした。美容師からホテルマンに転身されたその方と久しぶりにお会いできて、いつもながらよいサービスを受けられて、すごくよい思い出になりました。

私たち夫婦のお気に入りは「HOTEL THE MITSUI KYOTO」「ザ・

リッツ・カールトン日光」「ザ・リッツ・カールトン京都」「ザ・プリンス 京都宝ヶ池」「琵琶湖マリオットホテル」など。特にMITSUIは、水着を着て入れるスパがあって、「あそこは最高」と夫が気に入っています。

宝ヶ池のプリンスは、チェックインのときに夫がこっそり「今日は妻の誕生日で泊まりに来ました」と言っただけで、部屋に入ったら、もうベッドに誕生日のデコレーションがしてあって、すごく感激しました。

2回目に行ったときも覚えてくださっていて、サービスも居ごこちもいいので、最近は年末年始に夫婦二人でゆっくり過ごすホテルとして利用しています。ハッピーニューイヤーのカウントダウンのときは、みんなで風船を飛ばして、そういうイベントも楽しんでいます。

今後もクレジットカードをうまく利用して、家族や友人と思い出づくりをしたいですね。娘の夫の家族がハワイにいるので、ハワイのラグジュアリーホテルにポイントで泊まって、娘と合流したいなと考えています。

今後も、ポイント、マイルを賢く貯めて、みんなに喜んでもらえる使い方ができたらいいなと思っています。

楽天経済圏と
クレカマイル経済圏で
生活もビジネスも
うまく回っています！

Nさん
埼玉県在住・30代・男性
会社経営

会社員を経て、5年前に独立起業。小型電化製品や喫茶用品など国内商品を、海外向けにオンラインで販売する事業を手掛ける。妻、7才と2才の子の4人家族。

カード払いで支払いの精神的苦痛が緩和

もともとは楽天カードのヘビーユーザーで、戦略的にポイントを貯めて、貯まったポイントは商品や投資信託、旅行に使ってきました。ポイントは現金と同じ扱いという認識でしたが、もっと活用のレベルを上げたくて、三浦さんの講座を受講しました。

実際、講座を受けてからは、レベルが劇的に上がりました。マイルがポイントよりも、はるかに還元率がよいことを知って、ポイントの貯まりやすいカードを選び、なるべくマイルにかえるようになりました。

私がつくったのは、法人カード1枚に、個人カードを夫婦で1枚ずつ。

法人カードを選んだのは、ポイントが貯まりやすく、マイルに変換しやすいから。個人カードも、それに負けないぐらいのポイントが貯まりますし、ホテルの部屋のグレードアップや無料の宿泊特典がつくなど、かなりオトクなカードということで、迷わずつくりました。

法人カードをつくってからは、カードで仕入れや納税をするようになり、その分ポイントが貯まるのもうれしいことですが、何といっても支払日の精神的苦痛が緩和されたのがよかった！

今までは支払日というと、キャッシュアウトのタイミングなので、どうしても苦痛の感情がありました。しかし、この支払いがポイントにかわるんだと思うと、いやな感情がだいぶ和らいで、前向きな気持ちになるのです。

またクレジットカードを勉強したことで、**ぼんやりとしかとらえていなかった締め日と支払日を明確に意識するようになりました。**

「ここまでに決済をかけて、このタイミングで支払えば、いちばんキャッシュフローがよくなるな」など、受講するまではさっぱり見えていなかったものが、はっきり見えるようになり、これからはちゃんと確認しようという意識が芽生えました。

法人カードをこまめに確認するようになってからは、個人カードの明細もきちんとチェックする習慣がつき、自分のむだ遣いも見える化できるようになりました。お茶やコーヒーをこんなに買っていたんだ、こんなに買い食いしていたんだ、というのが見えてきて、ふだんのお金の使い方も変わりました。むだづかいをしなくなりました。

カードをとことん活用するぞ！

法人カードで貯まったポイントは、マイルにかえて、ビジネス出張に使っています。マイルのおかげで、今までは年に一回だったのが、半年に一回など、明らかに頻度が上がりました。

個人カードで貯めたポイントもマイルにかえて、家族旅行に活用しています。先日も自分の両親と妻の両親、親族みんなで都内のホテルに、いっしょに泊まりました。これをきっかけに互いの両親との接点が増えましたし、子どもたちもおじいちゃんやおばあちゃんと、お泊まりできて楽しい思い出ができました。

法人カードなり個人カードなり、**クレジットカードをうまく活用するコツは、事前**

に**「とことん活用するぞ」と決めて勉強し、自分なりにプランを考えて、その通りに実行すること**だと思います。そうすれば失敗したな、ということにはならない。

反対に、何がメリットかよくわからないままカードをつくってしまうと、目的がぼやけたまま、特に活用できず、年会費だけどんどん払うことになるので、それはあまりよくないのではないでしょうか。

ちなみに今も、楽天カードは楽天ポイントを貯めるために使っています。楽天モバイルや楽天でんきなどでも貯まりますから、貯めたポイントは、オトクなキャンペーンの日に、おむつやミルクなどのストックを購入したり、投資信託を買ったりしています。

ですから今は、**楽天経済圏とクレカマイル経済圏の二つでお金を回している**という感じですね。ただしクレジットカードの制度や規約は、早いと1年ぐらいで更新されるので、今の楽しみを継続させるためにも、これからも勉強し続けたいと思っています。

第４章

クレジットカードの師匠、花田敬さんと語り合う

イーエフピー株式会社の花田 敬社長は、
私にクレジットカードについて
指南してくださった、いわばクレカの師匠。
改めて花田社長と
クレジットカードの魅力について語り合いました。

花田 敬

ソニー生命を経て、保険代理店を設立。1999年に中小企業向けに営業コンサルティング事業を展開するＥＦＰ（イーエフピー）株式会社を設立し、代表取締役に就任。2010年より関東学園大学経済学部講師に。2019年、法人クレカ・マイル研究会会長に就任、2020年、一般社団法人 法人クレジットカード相談士協会代表理事に就任。経営者と大学講師、協会代表の３つの顔を持つ。保有するクレジットカードの年会費は合計105万円。枚数は数えきれない。

知っていることと知っていることの間に知らないことがある

三浦　そもそも花田社長は、いつからクレジットカードを使い始めたのですか？

花田社長（以下、花田）　私が会社でクレジットカードを使い始めたのは、今から20年ぐらい前。２００２年か２００３年のことでした。ネット広告の広告費を法人カードでないと支払えなかったので導入しました。最初に使っていたのは、ベーシックな法人カードでしたが、月２００万円という上限があったので、他にないかなと調べ始めたら、いろいろなカードがあって、その中には交渉すれば、上限を上げられるカードもありました。

三浦　そうなんですね。その頃からポイントやマイルも活用していましたか？

花田　その上限のあるカードは、ポイントをマイルにかえられなかったんです。だからといって商品にかえようにも、あんまりほしいものがなくて。掃除機をもらっても、会社ではあんまり使えないなって。そんなときに何かのきっかけで、マイルに交換できるカードがあることを知って、そこから調べまくって、マイルを貯められるものにかえたのです。

三浦　本格的に法人カードを持たれて、会社の財務状況は変わりましたか？

花田　資金繰りは、明らかに変わりました。支払いは現金だと当日ですが、カードなら翌々月ですから、資金繰りはよくなりますよね。それに支払いをカードにするとキャッシュバックがあるから、1％のキャッシュバックなら、ふつうの人が100万円で買うところを、99万円で買えることになる。明らかに得ですよね。また銀行振込だと振込手数料がかかるうえに、銀行に社員が行くと時間給がかかる。でもクレジットカードなら、かからない。そういったことをまわりの社長やドクターに話したら「何それ？」って、みんな知らなかった。だったら教えようと思って初めて研修を開いたときに、三浦さんも来てくれたんだよね。

三浦　はい、2018年の『法人クレカ・マイルプロジェクト』講座です。社長のメルマガで募集を知って「あっ、これは勉強したい」と思って応募したんです。

花田　これまでも社長やドクターの手取り収入を増やすとか、経営に役立つといった研修をしてきましたが、そのときに初めて**自分にも役立っているクレジットカードというネタ**を持ちだしたら、どっと集まった。有料の説明会で200人ぐらいだったかな。満員御礼で打ち切ったんです。みんな何か自分にメリットがありそうだと感じたんでしょうね。最初の講座では、クレジットカードの使い方や、それを経営にどう生かすか、それからビジネス視察旅行にファーストクラスで行ける方法などをお伝えしました。

三浦　**クレジットカードが会社の経営に役立つというのは、目からウロコ**でした。これは私だけでなく、コンサルタント先の経営者やドクターにも付加価値として提供できる、そしてマーケット開拓もできる、そう確信しました。

花田　クレジットカードという存在は、大人なら誰でも知っている。そしてポイントやマイルが貯まることも知っている。その**知っていることと知っていることの間に、知らないことが相当あるというのが、クレジットカードの奥深さ**ですよね。

三浦　そうですよね。私も知りませんでしたし、まわりの方たちもほぼ知りませんでした。

花田　やはりみんなが知らないのは、クレジットカードが決算書にプラスになるということですね。

三浦　それからポイントは貯まっているけれど、どう使っていいのかわからないという人も多い。

花田　そうそう。ポイントはＪＡＬとＡＮＡのマイルにかえられるけれど、実は航空券だけでなく、ｅＪＡＬポイントやＡＮＡスカイコインにもかえられる。さらに提携航空会社があり、海外の航空会社にも乗れる。そうすると海外のマイルを獲得できるカードがあって、それが世界じゅうのいろいろな航空会社と提携している……そんな話になると、どんどん深くなっていくんです。

三浦　経営者は世界中に出張で行くので、ＪＡＬやＡＮＡ以外の航空会社を望む人も多いですね。それもマイルで行けるとなると、かなりのコストカットになります。

花田　もう使い方が延々と広がっていきます。しかもカードの制度は、しょっちゅう変わるし、カード自体、新しいものが出るし、もう終わりがない。国が力を入れている新ＮＩＳＡも、クレジットカード積み立てができるんです。そこで使えるクレジットカードも、一過性のものかもしれませんが、どう考えてもマイナスだろうというポイントがつく。ＮＩＳＡで非課税枠をとって、資産を増やしながら、クレジットカードでポイントをとれるとなると、**法人のビジネスにおいても、社長個人のライフスタイルにおいても、相当影響がある**でしょうね。

三浦　新ＮＩＳＡのクレジットカード積み立てもそうですが、いまやいろいろなものがカードで買えますよね。

花田　そうそう。もうここまできたかと思ったのは、**クレジットカードで家も買えるようになった**ことです。車も買えます。これは銀行で借りてもいいんですよね。銀行の金利を1%払っても、クレジットカードのキャッシュポイントやマイルが1%つけば、返済も無理がないように思います。

三浦　家も買えるし、車も買える！　花田社長が今までカードで買ったもののなかで、いちばん高額のものは何ですか？

花田　車ですね。一括で買いました。

三浦　私は出版費用をカードで支払いました。

花田　みなさん、いちばん多いのは、仕入れでしょうね。それから税金も大きいですね。

クレジットカードで人生が変わった！

花田　でも私自身、クレジットカードを知っていちばんよかったなと思うのは、旅行がすごく増えたことです。**人生、ライフプランが完全に変わりました。**もしクレジットカードに関わっていなければ、こんなに妻を連れて旅行をしていないと思います。受講生も受講生のお客様もそうです。三浦さんも人生が変わったと思いませんか？

三浦　思います、思います。まさに私も人生が変わりましたし、お客様からも言われます。「儲かった」と言われるより「人生が変わった」と言われるほうがうれしいですね。

花田　ポイント、マイルがあれば0円で行けますが、0円で行くと旅行の楽しさを経験するから、次はお金を払ってでも行くんです。けっこうな金額のホテルでも泊まるようになるから、ホテル業界にとってもよかったんじゃないかな（笑）。

三浦　私は毎月、どこかしらに行って年間、大小合わせて20、30回は旅行していますが、花田社長はどれぐらい旅行していますか？

花田　私も毎月、どこかに行っています。海外は年に3、4回かな。コロナ禍では海外には行きませんでしたが、横浜や都内のホテルに旅行気分で泊まりました。

三浦　富裕層の方々も旅行が好きですよね。

花田　そうですね。以前、ドクター向けのサイトに**「終末期の患者さんでいちばんに後悔することは『行きたいところに行けばよかった』」**という記事が載っているのを見ました。やはり元気なうちに、行きたいところに行くといいですよね。そういう話を私は社長やドクターにもよくしますが、それを聞いた人の中で、すでに実行し、ニューヨークに行ったとか、やっぱり人生が変わったわとか言っている人がいます。そこにクレカやマイルの力を感じますね。

三浦　旅行嫌いな人っていないですもんね。

花田　そうそう。旅行すると、やっぱり新しい発見があります。私は、しょっちゅう出かけているから、どこに行くときも準備のドキドキやハラハラはない。パスポートとスマホがあれば、事足ります。初めてのところに行っても、観光地に行くことはあまりなくて、泊まったホテルの近くを散策する、町をぶらりと歩くというのが好きですね。

何をしたいか、目的を明確にするのがカード選びの肝

三浦　社長は今、どんなカードを使っていますか？

花田　**法人カードは納税用、支払い用、広告用の３枚を使い分けています。**広告用を分けているのは、アカウントを乗っ取られる可能性があるから。乗っ取られると、す

べての支払いが滞ってしまうので。個人カードは、ホテルカード、JALカード、ANAカードをよく使います。

三浦　私が今、持っているカードは、花田社長の講座を受講したあとにつくったものなので、どれも自分に合っていますが、自分にぴったり合うカードを選ぶのは難しいですよね。

花田　そうですね。社長やドクターからも「自分はどのカードを持てばいいか」「今持っているカードをどう思うか」、この2つの質問をよく受けます。でもカードにいい、悪いはないんです。本人が何をしたいのかということが重要。

三浦　そうですよね。事業にどう役立てたいか、ライフプランはどうしたいか、目的によりますよね。私の場合、このクレジットカードをコンテンツとして教えていこうと思ったので、結果的に**ビジネスとプライベートがハイブリッドしていくようなカード選び**になりました。

花田　三浦さんの場合、旅行が仕事になった（笑）。でも自分がカードを持っていて、その使い方を教えて喜ばれるのはいいことですね。一般社団法人 法人クレジットカード相談士協会も、そのために設立したんです。私の講座を受けた人が、協会のメンバーになって、経営者やドクターにカードの使い方を教える。三浦さんもそうですよね。

三浦　はい、私は青山第一支部の支部長です。

花田　講座を受講した人のほかに、法人クレジットカード検定を受けた人も対象なので、今は400人ぐらいが協会のメンバーになっています。自分で学んで、経営者やドクターの役に立ちたいという人が多い。

三浦　私が花田社長のところで学んで、いちばん役に立っているのは同業種や異業種とのコラボという考え方ですね。

花田　やはりクレジットカードって人を引きつける力があるから、税理士や不動産屋など、いろいろな業種の人とコラボできるんですよね。とはいえ、カード会社の社員だと、自分の会社のカードのことしかわからないから、**私たちのようないろいろなクレジットカードを比較して、実際に使っているような中立的な立場の人間が重要**なんですよね。

三浦　コラボといえば昨年、花田社長が教鞭をとっていらっしゃる大学に、私もゲスト講師として招いていただきました。

花田　キャリア教育の授業に来てもらいましたね。学生は社会人の話を聞く機会があまりないので、三浦さんには学生時代は君たちと同じだったけれど、社会人になったらこう違ったんだ、という話をしてもらいたかったんです。

三浦　私の大学時代に比べると、今の学生さんのほうが、よほど立派でしたが……。

花田　三浦さんはパチプロだった（笑）。

三浦　そうそう(笑)。でも会社員になって、独立してという話をさせていただきました。

花田　その中で、お金の勉強をすることが大事だよ、という話もしてもらって。学生からの評判はよかったですよ。

三浦　アンケートには「就職だけでなく、起業も考えようかな」、この年齢で三浦さんの話を聞けてよかった」など、かなり長文で書いてあって感激しました。

花田　文系の学生の7割は卒業したら営業マンですから、キャリア教育というのはすごく大事なんですよね。そして営業マンには、必ず「金融」がからんできます。金融には、お金を貸す銀行、お金を運用する証券、そしてリスクマネジメントとして保険があり、さらに信用というものがあります。この信用がクレジットカードなんです。だから、**お金の勉強をしようと思ったら、やはりクレジットカードの勉強は必須**ですよね。

三浦　国もデジタル化、キャッシュレス化を進めていて、クレジットカードの競争も激しいですから、常に勉強は必要だなと思います。今や街なかでも現金が使えないところが増えています。先日、警察署で古物の申請をしましたが、その支払いも現金だけでなく、クレジットカードとＱＲコード決済を推奨していました。

花田　そうですね。これからはデジタル決済が主流になっていきますから、会社やクリニックもデジタル経営に行かざるを得ない。**そのときの決済手段として、クレジットカードにすると、資金繰りもよくなり、決算書もよくなる。**もっとＡＩが進めば、仕分けや経理の作業も楽になっていくでしょうね。

三浦　これからもお金の勉強をしながら、クレジットカードの情報をブラッシュアップして、みなさんにお伝えしたいですね。クレジットカード全体を俯瞰して見られるのは我々相談士だけで、改めて重要なポジションだなと感じました。

花田　ネットにあふれる情報を全く知らない人が見て、正しい、正しくないという判断はほぼできません。だからこそ我々のような、たくさんのメンバーがいて、いろいろな情報が集まる協会から、正しい情報をしっかりと発信していきたいですね。またうちのメンバーの横のつながりで、いろいろなコラボを実現しましょう！

クレジットカードと提携・コラボ事例

実はクレジットカード活用のノウハウは各業種と協力提携することによって、効果的な見込み開拓やマーケティングに活用することができるのです。

「クレジットカードセミナー×不動産会社」

不動産の売買のアプローチをするのではなく、まずは不動産の潜在的な売買ニーズのある経営者、資産家、ドクター、地主の方に対して、有益な情報提供を行う。法人カードを用いての仕入れや、法人税等の支払い、個人カードを活用しての所得税や相続税の支払いをする。貯まったポイントやマイルの活用法をお伝えすることによって、中長期的な見込み客開拓ができる。

「クレジットカードセミナー×税理士法人」

クレジットカードで納税することにより、節税するというよりも、経営者が納税に対してポジティブになってくれ、決算書が良くなる。税理士法人としては、顧問先の満足度向上や新たな顧問先開拓もできるようになる。

「クレジットカードセミナー×保険会社」

クレジットカードで毎月、毎年の保険料を支払うことができる保険会社もある。同じ保険料を支払うならポイントが貯まった方がメリットがあるし、見込み客開拓に活用することもできる。

第5章

私の人生やビジネスに影響を与えた10冊の本

改訂版
金持ち父さん 貧乏父さん
アメリカの金持ちが教えてくれる
お金の哲学

ロバート・キヨサキ・著

筑摩書房

2013年11月刊

アメリカで1997年、日本で2000年に発売されたのが最初。厳しい時代に生き抜くためのお金の入門書。『金持ち父さんのキャッシュフロー・クワドラント』『金持ち父さんの投資ガイド』など実践編も人気。

20代半ばで初めて読み、「こんなことをこの値段で知ることができるんだ」と衝撃を受けました。当時は保険のセールスマンで、病気をしたとか、お金がないとか、人生の危機に直面している人に会うことも少なくなかった。お金の問題で悩まずにすむにはどうしたらいいのだろうと、私自身も考えていたところに、この本で**資産を持つことの大切さ**を知った。確かに資産さえ持てば、いろいろな問題に対応できるなと思ったのです。

特に印象に残っているのは、高度成長期は終わって保障はなくなった、**国や会社はあなたを守ってくれないから、自分の身は自分で守りなさい**という一節。だからお金の勉強をしなさいということなんですね。

私自身、この本で概要をつかみ、その後に『金持ち父さんのキャッシュフロー・クワドラント』を読んで、方法論を知るという流れで勉強していきました。

完訳
7つの習慣
人格主義の回復

スティーブン・R・コヴィー・著
キングベアー出版
2013年８月刊

全世界3000万部、国内220万部を超える売り上げを誇るビジネスパーソンのバイブル。すぐれた人格形成をベースに、成功への法則を７つの習慣としてまとめている。原書の初版は1989年。日本では1996年に出版された。

初めて手にとったのは、アウェアネスの髙橋代表に出会った20代の頃。読んでみて「なるほど」と思ったけれど、それを実際に自分の習慣にななかなか落とし込むことができない。でもアウェアネスのセミナーは、七つの習慣を自分の習慣にできるプログラムになっているので、本を読んで、セミナーを受けて、自分の生活で実践して、とこの繰り返しで、少しずつ自分のものにしていきました。

私が実践して、最も手ごたえを感じたものは「第2の習慣　終わりを思い描くことから始める」です。つまり**何事も目的を明確にするということ**。私はコンサルティングでも「法人クレジットカードをつくる目的は何ですか」と聞きます。そうすると「売り上げを上げたい」「オトクになるから」と曖昧な答えが返ってくることが多いですが、その奥に潜む目的を明確にするために、ひたすら問いかけるといったことを実践しているのです。

7つの習慣
最優先事項
生きること、愛すること、学ぶこと、貢献すること

スティーブン・R・コヴィー・著
キングベアー出版
2015年８月刊

「７つの習慣」の一つである「第３の習慣 最優先事項を優先する」に特化した一冊。時間管理の原則から目標達成のプロセス、他者との協定の仕方まで、人生で本当にやりたいことを実現するためのヒントが満載。

本書でもお話しした「ビジネスとプライベートのバランスをどう保つか」「どういう順番でスケジュールを入れるか」「いかに人の手を借りるか」といったことを実践するための具体的な方法が書かれています。

この本から得られたことは「時間管理」について。私にとって最重要事項は、家族や仲間など大切な人を喜ばせることですから、家族と旅行の予定を入れたい、仲間と食事をする時間をつくりたい、そのためにどうすればいいのかという考え方を学び、実践してきました。とはいえ、すぐにはできないので、やはり本とセミナーでインプットし、アウトプットとして行動する、さらに自分のセミナーで話すといったことを繰り返して習慣として落とし込む努力をしてきました。今も自分で忙しいな、詰め込みすぎているな、と感じたときには、この本を読み返して、**ノートに優先順位を書き出す**ようにしています。

第3の案
成功者の選択

スティーブン・R・コヴィー・著
キングベアー出版
2012年２月刊

「７つの習慣」内の「第６の習慣 シナジーを作り出す」で紹介された「第３の案」を詳しく解説。二者択一ではなく、互いに納得できる第３の案を見つければ、シナジーが生まれて驚くべき結果をもたらすと説く。

私にとっては『7つの習慣』のステップアップ版という位置づけです。A案とB案を持ち寄って、いいとこどりでC案をつくろうというのが、この「第3の案」ですが、これは私自身のビジネスとプライベート両方の人間関係に多大な影響を与えましたし、協力者とコラボするときにもベースの考え方になりました。また、この本を読んでからは、自分の事業やビジネスの売り込みやアピールを一切しなくなりましたね。

さらに今も法人クレジットカードのセミナーのコンテンツをつくるときは、私だけがこうしようと言うだけでなく、スタッフにどうしたいか言ってもらうようにしています。**お互いに意見を出し合って、よりよいものをつくっていこうというスタンス**でやっているのです。そうするとスタッフも、自分の意見が反映されるので、主体的にやるようになります。この第3の案の考え方は、**スタッフのモチベーションアップにも寄与する**のです。

Miura's Recommendation

5

新・完訳
成功哲学

ナポレオン・ヒル・著
アチーブメント出版
2016年11月刊

1937年に刊行された初版を忠実に再現。願望や信念、自己暗示など、豊かな人生を送るための13ステップが章ごとに紹介されている、ナポレオン・ヒルの成功哲学のガイダンス版。『思考は現実化する』と併読したい。

20代半ばに、なかなか仕事がうまくいかず、なんでだろう、と悩んでいたときに周りにすすめられて原書を読みました。いつも思っていることが現実化するから、強く望めば叶うんだよ、ということが書いてあり実際、この本を読んで人生が変わったという人は周りに多かったです。

当時の私は、本とは真逆の思考でしたから、なかなか自分の中に入ってきませんでした。成功できるのはひと握りの人間だけだと思っていたので、この本で書かれていることに懐疑的だったのです。でも何度か読んでいくうちに、だんだんと腑に落ちて、やはりセミナーを受けて、ようやくインストールされたという感じ。仕事も徐々にうまくいくようになりました。

その後も何度か読み返していますが、**そのときどきの自分のステージによって、すっと入ってくる内容が変わってくる**のが面白いですね。

思考は現実化する

ナポレオン・ヒル・著
きこ書房
1999年4月刊

鉄鋼王カーネギーが見込んだ500人にインタビューし、成功していく過程における共通の思考を17のステップで解説。『成功哲学』のエッセンスを抽出し、理解しやすくまとまっている。自己啓発本の始祖といわれる。

30代に入ってから『成功哲学』つながりで読みました。いわんとしていることは『成功哲学』と同じですが、私自身は『成功哲学』から自分の思考を変える努力をしてきて、この本でさらに強化していった感じです。

しかし当時は「ビジネスで成果を出したい」「多くの人に協力してもらいたい」と思っていたけれど、頭で考えていただけ。潜在意識では「そこまでしなくてもいいんじゃない」という自分がいました。それもひっくるめて思考が現実化するので、結果はパッとしないわけです。そこで本当の自分はどうしたいのか、理想の自分に近づくにはどうしたらいいか、と自分と対話していくと、だんだん自分の望んでいた花を咲かせることができるようになっていきました。ですから私にとって、**この本はセルフコーチングの役割を果たしていたといえる一冊**です。

Miura's Recommendation

7

考え方
人生・仕事の結果が変わる

稲盛和夫・著

大和書房

2017年3月刊

京セラ、KDDIを創業し、日本航空(JAL)を再建した著者が、自ら実践してきた「考え方」を記した本。「人生・仕事の結果＝考え方×熱意×能力」が人生の方程式、と著者が説くほど重要視する考え方とはいったい何か。

手に取ったのは40歳になった頃。「人として正しいことをしなさい」という、この本のメッセージが、20代からずっとセミナーや研修で教えられてきた「すべては考え方」ということと重なって、自分の中でしっかりと腑に落ちました。

この頃は、もっと自分のステージを上げるにはどうしたらいいか、多くの人に応援される考え方とは何かということを追求していて、私なりにこの本からつかんだ答えは「利他の精神」でした。**利他の精神が、結果的に大きな成果を上げ**られるんだなと。

この本のエッセンスを自分にしみ込ませてきたからか、今の私は以前よりはましになってきたように感じます。自分が変われば、周りの人や環境が変わることも実感しています。ただし、うまくいっていないときは、自分の軸がずれているとき。そんなときこそ、**この本を読み直して、しっかりと軌道修正**するようにしています。

孫正義2.0 新社長学
IoT時代の新リーダーになる7つの心得

嶋 聡・著

双葉社

2016年11月刊

ソフトバンクの孫社長が英国・アーム社を3.3兆円で買収。後継者候補のニケシュ・アローラは退任し、自ら後継者に返り咲き。大きな転換期に社長室長として補佐した著者が、高みを目指す孫社長の有様を描く。

孫社長の本はたくさん読んでいますが、魅力はスケール感や器の大きさ。そういうところを本で垣間見られると、自分は小さいことをぐずぐず考えているな、と感じて今の悩みが気にならなくなります。

この本で特にインパクトを受けたのは、**常に勝負に挑んでいて、全く守りに入っていない**孫社長の姿。全く別次元のやり方を見せてくれるので、つい守りに入りがちな自分の視点を一気に変えてくれます。もし孫社長が今の私のポジションだったら、どうするだろうと**勝手にセルフコーチングのきっかけ**になっていただいています。

稲盛氏が昭和を代表する経営者なら、孫社長は平成あるいは令和を代表する経営者。同時代を生きている孫社長からは、とにかくいつも勇気をもらっています。本を読むと「よし、俺もやろう」と、モチベーションが上がりますね。

ソニー再生
変革を成し遂げた「異端のリーダーシップ」

平井和夫・著
日本経済新聞出版
2021年7月刊

ソニーの危機を三度にわたり救った著者が、どういう考えや哲学で事業を再生させたのか、その様子がドキュメンタリータッチで描かれる。痛みを伴う改革に著者は、どう立ち向かっていったのか、リーダー必見の書。

お世話になっている会計士さんにすすめられた一冊。ソニーという巨大企業の業績不振をどうやって復活させていったのか、いろいろな経営者が関わっていたのに、なぜこの著者だけが復活させることができたのか……、そんなことに興味を持って読み始めました。

この本の中で私がいちばん心に響いたのは、**著者がそのつど現場に赴いて、自分の言葉でイズムを語っていく**ところです。このリーダーシップこそ、見習うべき点。折しもコロナ禍で、世の中はオンラインが主流になり、オンラインのほうが効率的だよね、というムードになっていましたが、やはり直接顔を合わせて対話すること、オンラインだけで完結させないことが大事だなと感じました。

最初はソニーがどうやって復活できたのかということにフォーカスし、次は自分だったらどうするかと自分に置きかえて、2、3回は読みましたね。

DIE WITH ZERO
人生が豊かになりすぎる究極のルール

ビル・パーキンス・著
ダイヤモンド社
2020年9月刊

お金を貯めるばかりでなく、お金を使うことの重要性について、9つのルールに体系立てて解説。「一刻も早く経験に金を使う」「人生最後の日を意識する」など、悔いのない人生を生きるための指南書である。

もともとアウェアネスの髙橋代表が推奨していたので読み始めましたが、読んでみたら目からウロコ。『金持ち父さん 貧乏父さん』は「資産をたくさんつくりなさい」ですが、この本は**「資産をつくるばかりでなく、体験に使おう」**と提唱しています。お金のない人ではなく、お金のある人の悩みに答えた本ですね。

確かに一生懸命働いて、貯めて貯めて、資産を築いても、使い切らないで死んでしまったら意味がありません。やりたくない仕事を頑張った時間は何だったの、だったらやりたいことをやって豊かに生きていったほうがいい、そういう人生設計にしようね、この本からは、そんなメッセージを受け取りました。**クレジットカードは、そういう人生設計に役立つツールの一つです。**私自身、この本を読んでから、ますます経験にお金を使う方向にシフトしていきました。

三浦 亘

（みうら・わたる）

1977年、東京生まれ。
株式会社グランディール代表取締役
富裕層コンサルタント
一般社団法人 法人クレジットカード相談士協会 青山第一支部代表
法人クレカ・マイル研究会認定講師
1級法人クレジットカード相談士

会社員から独立し、初年度より社員ゼロで売上１億円を超え、10年たった今では複数事業を展開。立ち上げ当初から手離れすることを念頭に置いてきた事業は右肩上がりのビジネス資産として不労所得を生み出し続けている。現在は数社を経営しながらFIRE2.0（セミリタイア）し、お金と時間を子育てに投資しながら、ビジネスにおいても新たなチャレンジや社会貢献を目指し邁進中。

FPとして８万人以上の対面コンサルティングを経験。各界において人脈を拡大し続け、クライアントは年商数十億円の経営者、上場企業役員、医師、資産家、投資家、弁護士、税理士、トップセールス、会社員や主婦まで多岐にわたる。

開催する講座は「思わず紹介したくなる！」と口コミの連鎖を生み続け、各種グループコンサルを受講したクライアントは延べ1,000名を超える。クレジットカードやマイル、ポイントの研究も続け、たった２カ月で200万マイル以上を貯めたノウハウや、リッツ・カールトン系列のホテルに年間100泊するなど、「０円旅行」は楽しみながら経営が良くなり、人生も変わると経営者やドクターにも大人気コンテンツとなっている。

本書をご購入いただいた皆様に、オリジナル5大特典をプレゼント！

https://www.joydesighs.com/purchaserbenefits

特典内容

① ベストセラー作家水野俊哉先生との
スペシャル対談動画3選

② 人生で一度は行きたい
マイルで0円世界一周

③ 会社と社長の手元資金を増やし
経営に役立つ
法人クレカ100%活用術
レポート3選

④ **ラグジュアリーすぎるクレカ特典**

⑤ 富裕層が選ぶ
航空会社・ホテルランキング

ザ・ステータス
富裕層のための
クレジットカード活用術

2023年12月25日　初版第１刷発行
2024年１月24日　初版第２刷発行

著　者　三浦亘
発行者　高野陽一
発　行　サンライズパブリッシング株式会社
〒150-0043
東京都渋谷区道玄坂1-12-1
渋谷マークシティW22
電話：03-5843-4341

発売元　株式会社飯塚書店
〒112-0002
東京都文京区小石川5丁目16-4
電話：03-3815-3805

印刷・製本　中央精版印刷株式会社

ISBN978-4-7522-9025-4

本書に掲載されている内容やデータは原稿執筆時のものであり、変更になる場合があります。関連のホームページなどで最新情報をご確認のうえ、クレジットカードをご活用ください。

プロデュース　水野俊哉
装丁・DTP　本橋雅文（orangebird）
帯写真　Ryu Kodama